日本の調味料と
食材で作る

ペギーさんのおいしい台湾レシピ

邱 珮宜
ペギー・キュウ

はじめに

私にとって日本の味の原点は、祖母のおにぎりでした。

祖父母は台湾が日本の植民地だったころに生まれ育ちました。二人とも日本語を話し、日本へもよく旅をしていました。祖母は異国の食事が好きで、訪ねた国で食べたものを、舌で覚えて味を再現しようとするほどでした。そんな祖母の料理に対しての情熱は、私に大きく影響しています。

オーストラリアでの海外留学中に母国の味が恋しくて仕方がなくなり、自分で台湾料理を作り始めました。休暇で台北に戻るたび、祖母からさまざまなレシピを教えてもらい、台湾人の仲間に祖母のレシピで作った祖国の味をたびたび振舞いました。祖母は留学中に亡くなりましたが、彼女から料理の知識を受け継ぐことができたのは、今でも大変幸せなことだと思っています。

台湾を離れ、日本の大学院を卒業した後は東京でインテリア・デザインの仕事をしました。そして台湾に戻り、海外旅行で他国の料理教室を体験したとき、初めて見る料理を学ぶ楽しさに加え、その国の文化を身近に感じたり、より理解が深まることを実感した私は、これをきっかけに台北で外国人観光客のための料理教室を開くことにしました。インテリアデザイナーとしての経験を生かして教室の空間デザインにもこだわり、台湾文化を感じてもらえるようにと「ホジャ・キッチン」をスタートさせました。「ホジャ」とは台湾語でおいしいという意味です。

おかげさまで日本からたくさんの生徒さんが来てくださり、台湾の食材と調味料で作る本場の台湾料理のレッスンを続けてきました。そこでよく聞かれたのが、「日本に帰ったら手に入らない食材と調味料はどうしたらいいですか？」という質問です。日本の食材と調味料を使って、どうしたら本場に近い味を再現できるのか。そのときからずっと、この本のテーマと向き合っています。

台湾と日本の間には深い絆があり、互いの文化交流も盛んです。私もその文化交流の架け橋のひとつになりたいと「ホジャ・キッチン・東京」を開くことにしました。ここでの一番大変なチャレンジは、台湾の味をできるだけ完璧な状態で再現することでした。酒やしょうゆ、砂糖など、台湾と日本のどちらでも手に入る食材と調味料は、分類が同じでも、味や使い方に差があります。もちろん台湾から現地のものを輸入することもできますが、生徒さんが個人で購入するのは現実的な方法ではありません。

この本はすべて、私のこれらの経験の塊がベースになっています。日本にある食材と調味料を使い、本場のおいしい台湾料理をどう再現するのか、試行錯誤の末にたどり着いたレシピを皆さんにご紹介します。

hoja kitchen

hoja kitchen TOKYO

目次

本書の使い方

- ●たいていは大人2人分の分量です。多めに作ったほうがおいしいものは、作りやすい分量になっています。
- ●大さじ1は15mℓ、小さじ1は5mℓ、1カップは200mℓ、1合は180mℓ（炊飯器に付属のカップ利用）です。1mℓは1ccです。
- ●火加減は、特に表示のない場合は中火です。
- ●鶏ガラスープは、市販のスープの素を商品に記載された方法で希釈して使ってください。おすすめはYOUKI「化学調味料無添加のガラスープ」です。
- ●しょうゆはキッコーマンの特選しょうゆ、酢は米酢、酒は日本酒（辛口）を基準にしています。
- ●砂糖は主にグラニュー糖と三温糖を使い分けています。三温糖はグラニュー糖で代用できます。上白糖を使う場合はレシピ表記の8割の量を使用してください。
- ●豆豉は、ペースト状のものを使うときは量を半分にしてください。
- ●サラダ油とあるのは、一般に使用する調理用油のことで、好みの銘柄のものを使ってください。ごま油を使うときは、そのつど表記しています。
- ●青ねぎとあるのは、葉の緑色の部分が多い葉ねぎをさします。九条ねぎやわけぎなどを使ってください。
- ●フライドオニオンは、台湾の食材、油葱酥（フライドエシャロット）の代用です。油葱酥があれば、こちらを使ってください。
- ●タピオカ粉がない場合、揚げ物の衣に使う粉は小麦粉でも代用できますが、食感など多少の違いがあります。ただし、一部表記のある料理は片栗粉で代用してください。
- ●市販の豆板醤は、塩分に差があるので、好みで選んでください。
- ●使う道具は、一般的なフライパン、鍋、ボウル、菜箸などです。鍋の大きさは材料の分量にあわせてお選びください。電子レンジを使う場合は、機種にあわせて加熱時間等を調整してください。このほか蒸し器など、特殊な道具を使う場合は、それぞれで判断してください。
- ●彩り用の野菜は、好みで加えたり添えたりしてください。
- ●ご飯1杯分は150gです。

一章

夜市の大人気B級グルメ

台湾観光の定番、
夜市でいただく屋台料理は
小腹をサッと満たしてくれる
魯肉《ルーロウ》飯や雞肉《ジーロウ》飯、
ねぎ餅や焼き饅頭、
麺、粥…などさまざま。
おいしいもの大国の台湾で食べた
記憶に残る味を
レパートリーに加えましょう。
身近な食材がちょっとしたコツで
台湾の味に変身します。

魯肉飯《ルーロウファン》

ルーロー飯

台湾グルメの大定番！
ルーロー飯は台湾人にとっても
こだわりの強いメニューです。
私の好きなお店の味を
作りやすくアレンジしました。

材料（4〜6人分）

豚バラかたまり肉（あれば皮つき）… 600g
グラニュー糖 … 大さじ2（あれば氷砂糖15g）
水 … 小さじ1
三温糖 … 大さじ3（あれば氷砂糖25g）
A
- しょうゆ … 80mℓ
- 酒 … ½カップ
- オイスターソース … 大さじ2
- フライドオニオン … 40g
- 白こしょう・五香粉 … 各小さじ1
- 水 … 2カップ

ゆで卵 … 2個
ご飯 … 4杯分

作り方

1 豚バラかたまり肉を1.5㎝幅にスライスし、さらに縦1㎝幅の短冊状に切る。鍋にたっぷりの湯を沸かし、豚肉を15分ほどゆで、ざるにあげておく。

2 鍋にグラニュー糖と水を入れて火にかけて溶かし、キャラメル状になったら一旦火を消す。鍋に**1**と三温糖を加えてよく混ぜ合わせる。三温糖が溶けたら**A**を入れて火にかける。沸騰したら弱火にし、ふたをして約1時間煮る。浮いた油を半分ほどとり、ゆで卵を加え20〜30分煮る。（汁けが多い場合はふたを開けてさらに10分ほど煮る）

3 器にご飯を盛り、**2**を汁ごと、卵は横半分に切ってのせ、きゅうりの甘酢漬けを添える。

好吃
MEMO

台湾では必ず皮付き肉を使うのでコラーゲンのとろみがつきます。オイスターソースは牡蠣の風味が控えめのものを選ぶとよいでしょう。氷砂糖には味をまろやかに、ツヤツヤの照りを出す効果があります。皮付き肉と氷砂糖を使えば本場の味にぐっと近づきますよ。

醃黄瓜《イエンホァングァ》

きゅうりの甘酢漬け

材料（2人分）

きゅうり（ごく薄い輪切り）… 1本
塩 … 小さじ1
グラニュー糖 … 大さじ1
酢 … 大さじ½

作り方

1 きゅうりは塩をふってもみ、10分ほどおいたら水洗いし、しっかりと水けを絞る。

2 **1**に砂糖、酢を入れてあえる。

雞肉飯《ジーロウファン》

ジーロー飯

しっとりした鶏肉と甘辛のたれがマッチ。
ルーロー飯と人気を争うどんぶり飯です。

材料（2人分）

鶏むね肉（皮なし）
　… 1枚（250g）
水 … 1カップ
塩 … 小さじ1

A
- 水 … 1と½カップ
- 青ねぎ（5cm長さに切る）
　… 1本
- しょうが … 少々

B
- サラダ油 … 大さじ2
- しょうゆ … 大さじ1
- オイスターソース
　… 大さじ1
- グラニュー糖 … 大さじ½
- 鶏肉のゆで汁 … 100mℓ

フライドオニオン … 大さじ2
ご飯 … 2杯分

作り方

1 ボウルに鶏肉、水、塩を入れ、15分つけて取り出しておく。

2 鍋に**A**を入れて火にかけ、沸騰したら**1**を入れ中火で5分、ふたをして火を止めて10分蒸らす。

3 フライパンに**B**を入れ中火でひと煮立ちしたら、火を止めてフライドオニオンを加える。

4 粗熱を取った鶏肉を繊維に沿ってフォークで細かく裂く。

5 器にご飯と鶏肉を盛り、**3**をかける。

好吃
MEMO

サラダ油の代わりに、ラードや油漬けのフライドエシャロットを使用するとより本場の味に近づきます。

擔仔米粉《ダンザイミーフェン》

ルーローのせ汁ビーフン

ビーフンは台湾が誇る名産品。えびの香りのスープがよくあいます。

材料（2人分）

魯肉（p.8）… 大さじ2
ビーフン … 2玉
えび … 4尾
青ねぎ（5cm長さに切る）… 2本
にら（5cm長さに切る）… 2本
もやし … 少々
サラダ油 … 適量
味付け煮卵（p.12）… 1個
鶏ガラスープ … 3カップ
しょうゆ … 大さじ1
塩・白こしょう … 各少々

作り方

1 ビーフンは10分ほど水につけておく。えびは殻をむいて背わたを取り、別に分ける。

2 熱した鍋に油をひき、えびの殻と青ねぎを炒める。ねぎに焼き目がついたら、鶏ガラスープとしょうゆを入れ、約15分中火で煮る。

3 **2**の殻を取り出し、塩・こしょうで味をととのえる。

4 鍋に湯を沸かしビーフンとえびを5分ほどゆでて取り出しておく。同じ鍋でにらともやしを2分ゆでる。

5 器に**4**を盛り、**3**のスープをかけて、縦半分に切った煮卵とルーローをのせる。

好吃
MEMO

台湾一の産地である新竹産ビーフンは、日本のスーパーでも取り扱いがあります。あっさり味なので、肉みそやラー油などを好みで添えてどうぞ。

飯糰《ファントゥワン》 黒米おにぎり

黒米のプチプチとした食感ともち米のもっちり感で大満足。食べるときにギュッとにぎってつぶしながら恵方巻きのようにして食べるのが台湾流です。

材料（2人分）

白米（洗う）… 1合
もち米（洗う）… 0.5合
黒米 … 0.5合
水 … 適量
味付け煮卵 … 1個
かつおのふりかけ … 大さじ4
油《あぶら》麩《ふ》 … 4枚
高菜炒め（p.26、または刻んだ高菜漬け）… 100g

作り方

1 炊飯器に白米、もち米、黒米を入れて、目盛り1.5合まで水を入れて炊く。

2 煮卵は縦¼に切る。油麩は両面に油（分量外）をぬって塩（分量外）をふり、オーブントースターで両面を軽く焼く。

3 ラップを敷いた上に半量のご飯をのせ、18㎝ほどの円形にならす。ふりかけ、食べやすい大きさに切った油麩と煮卵、高菜炒めをすべて半量ずつのせて（写真**a**）端からくるんで長方形にしっかりとにぎる（写真**b**）。

a

b

滷蛋《ルーダン》 基本の味付け煮玉子

材料（2人分）

ゆで卵 … 2個
水 … ¾カップ
しょうゆ … ¼カップ
三温糖 … 大さじ2

作り方

鍋に水、しょうゆ、三温糖を入れ、一度沸かす。冷めたら保存容器に移し、ゆで卵をつけて冷蔵庫で一晩おく。煮汁は冷蔵庫で約1週間保存可能、ゆで卵を追加すれば繰り返し使えます。

好吃
MEMO

もち米がないときは白米のみでも大丈夫。中の具は卵焼きやザーサイなど自分流にアレンジを。食感が大事なので、油麩の代わりにかりんとうを使ってもよいです。

涼麺《リャンミエン》

台湾風あえ麺

真夏の台湾で恋しくなるのが
さっぱり冷たいあえ麺。
ツルッとしたのどごしと
濃厚なごまだれが
食欲をそそる一品です。

材料（2人分）

中華麺（ストレート）… 2玉
きゅうり（千切り）… 1本
にんじん（千切り）… ⅓本
A
- 練りごまペースト … 大さじ2
- ピーナッツバター（加糖）… 大さじ½
- 熱湯 … 大さじ2
- しょうゆ … 大さじ½
- グラニュー糖 … 大さじ1
- 黒酢 … 大さじ1
- ごま油 … 大さじ1
- にんにく（すりおろし）… 大さじ1

ラー油 … 適量

作り方

1 中華麺はパッケージの表示時間通りにゆでてざるにあげ、氷水で洗って水けをきっておく。

2 器に麺ときゅうり、にんじんを盛り、混ぜ合わせておいた**A**をかける。好みでラー油を添える。

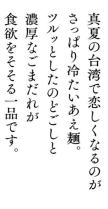

好吃
MEMO

ゆでた麺は氷水でしっかり冷やして締めるのがポイント。ごまだれには、かなりにんにくが効いているので、苦手な人や子どもには控えめにしてください。

蔥油餅《ツォンヨウビン》

ねぎ餅

屋台で焼き立てを食べて
虜になってしまう人も多い、ねぎ餅。
サクサクもちもちとした
軽い食感は軽食にもぴったりです。
台湾の甘いしょうゆや
好みのソースでどうぞ。

材料（4枚分）

生地
- 薄力粉 … 150g
- 強力粉 … 150g
- 塩 … 6g
- 熱湯 … 140mℓ
- 水 … 70mℓ

青ねぎ（みじん切り）… 3本分
白こしょう … 少々
サラダ油 … 適宜

作り方

1 生地を作る。ボウルに薄力粉、強力粉、塩を入れてよく混ぜる。

2 **1**に熱湯を一気に入れ、箸でかき混ぜる。そぼろ状になったら、水を7割ほど入れてさらに混ぜる。様子を見ながら少しずつ残りの水を入れてよく混ぜる。

3 手で**2**をまとまるまでこね、ラップをして約30分寝かせる。

4 生地を4等分にし、サラダ油を塗った台の上で、麺棒を使って直径20〜25cmの大きさに丸く伸ばす。

5 生地にサラダ油を塗り、青ねぎを散らし白こしょうをふったら、手前から奥へと巻き上げる（写真**a**）。細長い生地になったら、端から渦状に巻き（写真**b**）、巻き終わりを裏の中心へしっかり押し込む（写真**c**）。ポリ袋に入れて約15分休ませる。

6 ポリ袋の中に入れたまま麺棒で伸ばし（写真**d**）直径20cmに伸ばして、油をひいたフライパンで焼く。

a

c

b

d
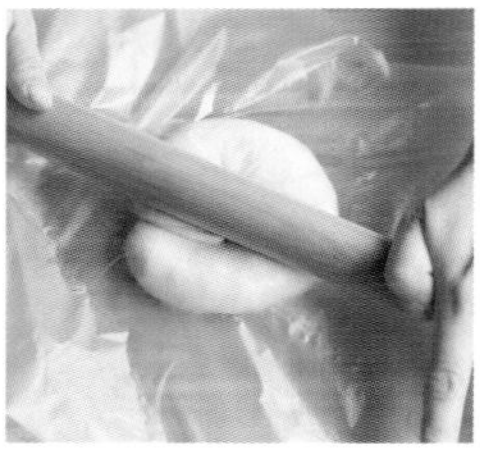

好吃
MEMO

作り方**6**のポリ袋は、片方の端をハサミでカットすると大きく開くので、生地を入れたり麺棒で伸ばすのがラクです。伸ばした生地はポリ袋に入れたまま冷凍庫で約2週間保存可能。凍ったまま焼いてください。ねぎ餅には台湾の「醤油膏」というとろみのついた甘いしょうゆがよくあいます。台湾風にんにくソース（p.100）をつけてもいいですよ。

韭菜盒子《ジョウツァイホーヅ》

にら焼き饅頭

もっちり皮の中には具がぎっしり！
にらの香ばしい香りを楽しんで。

材料（6個分）

ねぎ餅の生地の材料（p.16）… 全量
卵 … 2個
にら（1cm長さに切る）… 150g
はるさめ … 40g
油揚げ（1cm角切り）… 30g
サラダ油 … 適量

A
- しょうゆ … 大さじ½
- グラニュー糖 … 小さじ1
- 塩 … 小さじ½
- 片栗粉 … 大さじ½
- しょうが（すりおろし）… 大さじ½
- ごま油 … 大さじ½
- 白こしょう … 小さじ½

作り方

1 卵はそぼろ状に炒める。はるさめは約15分水につけてから3cm幅に切る。

2 ボウルに**1**とにら、油揚げ、**A**を入れて混ぜ合わせ、6等分にしておく。

3 p.16の作り方**1〜3**と同様にする。生地を6等分し、油を塗った台の上で直径約15cmの円形に伸ばし、手前の半分に**2**の具をのせて二つ折りにする（写真**a**）。

4 重なった皮部分を折返し（写真**b**）、フォークの先で押してしっかりとめる（写真**c**）。

5 油をひいたフライパンに**4**を並べ両面を焼く。

a

c
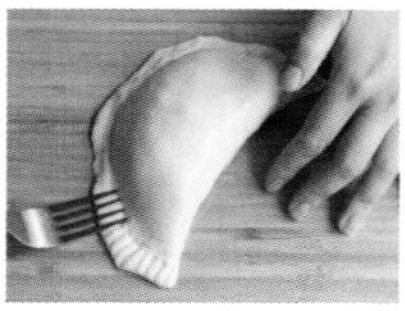

b
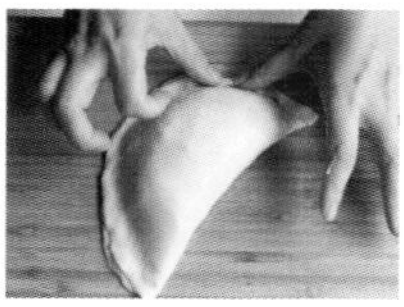

好吃
MEMO

具を包むとかなりの重さに。フライパンにのせるときは優しく持ってください。皮は焼き目をつけるだけでOK!

好吃
MEMO

大根はしりしり器でスライスすると時短になり、食感もアップします。中の具は餃子の皮で包んで焼き餃子にしてもおいしいです。

蘿蔔絲餡餅《ロウボウスゥーシェンビン》

大根パイ

塩けの効いた千切り大根のシャキシャキとした歯ごたえが◎。老若男女に愛される味です。

材料（6個分）

ねぎ餅の生地の材料（p.16）
…全量
大根（千切り）…10cm
桜えび…大さじ2
青ねぎ（千切り）…5〜6本
塩…小さじ1
A 白こしょう…小さじ½
片栗粉…大さじ½
ごま油…大さじ1
サラダ油…適量

作り方

1 大根に塩をふって約10分おき、水けを絞る。

2 **1**と桜えび、青ねぎと**A**をボウルで混ぜ合わせ、6等分しておく。

3 p.16の作り方**1**〜**3**と同様にする。生地を6等分し、油を塗った台の上で直径10cmの円形に伸ばす。生地の中心に具をのせて（写真**a**）包み、上下左右の端をつまんで中心で閉じたら（写真**b**）、先端をひねり（写真**c**）余分な皮をねじ切る。ひねった側を下にして約10分休ませる。

4 包み口を下にして上から手のひらで軽く押し、2〜3cm厚さにする。

5 油をひいたフライパンに**4**を並べ、両面を焼く。

a

b

c

好吃 MEMO

冷凍ご飯をそのまま入れてもOK、好みでパクチーをトッピングしてもおいしいです。セロリは味の決め手なので必ず入れましょう。

鹹粥《シェンゾウ》

台湾風 具だくさん粥

スープで冷やご飯がさらさらのお粥に変身。ブランチにぴったり。白こしょうをたっぷりかけていただくのが台湾スタイル。

材料（2人分）

キャベツ（1cm角切り）…1〜2枚
にんじん（千切り）…1cm
豚肉（千切り）…50g
干ししいたけ…10g
干しえび…5g
ゆでたけのこ（千切り）…30g
セロリ（細切り）…½本
冷やご飯…200g
A［白こしょう…少々
　塩…少々
　酒…小さじ1
　片栗粉…小さじ1
鶏ガラスープ…3カップ
白こしょう…小さじ1
塩…小さじ½
ごま油…大さじ½
フライドオニオン…適量
サラダ油…適量

作り方

1. 豚肉と**A**を混ぜ合わせる。干ししいたけは100mlの水（分量外）で戻し千切りに、干しえびは50mlの水（分量外）で戻し刻む。戻し汁はとっておく。
2. 鍋に油をひき、干ししいたけと干しえびを炒める。香りが出てきたら豚肉を加え、肉の色が変わったらキャベツ、にんじん、たけのこを加えて軽く炒め、戻し汁を加えてさらに炒める。
3. **2**に鶏ガラスープを入れて沸騰したら、ご飯を入れてほぐす。塩と白こしょうで味をととのえて5分ほど中火で煮たら、火を止めてセロリ、フライドオニオンを入れ、ごま油を回しかける。

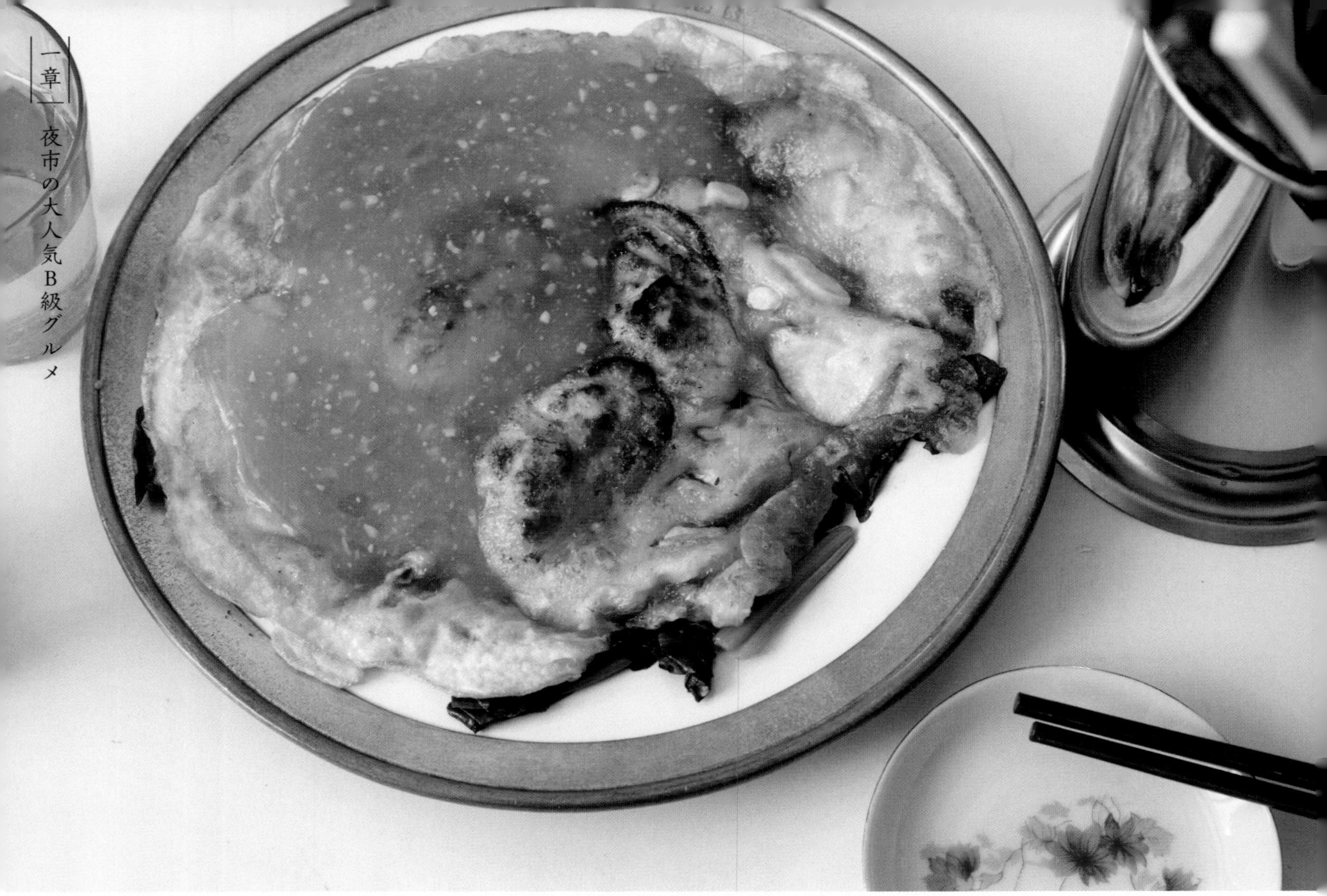

蚵仔煎《オアジェン》
牡蠣入りオムレツ

夜市の定番。ジューシーな牡蠣がもっちり卵生地をまとった絶品！

材料（1人分）

生牡蠣 … 3粒（約50g）
卵 … 1個
ほうれん草 … 1株
A
- タピオカの粉 … 小さじ2
- 片栗粉 … 小さじ1
- 水 … 大さじ2

サラダ油 … 大さじ½

ソース
- ケチャップ … 大さじ½
- みそ … 大さじ½
- グラニュー糖 … 大さじ½
- 水 … ½カップ
- 水溶き片栗粉 … 大さじ1
- ごま油 … 適量

作り方

1 フライパンに油を熱し、牡蠣を入れ焼き色がつくまで中火で焼き、合わせておいた**A**を混ぜながら入れる。

2 粉っぽさが消えて半透明になったら、卵を割り入れ黄身をつぶす。まわりがパリッとしてきたらほうれん草をのせてひっくり返し、1〜2分焼いて皿に盛る。

3 別のフライパンにケチャップ、みそ、グラニュー糖、水を入れてよく混ぜ、中火にかけ沸騰させる。水溶き片栗粉でとろみをつけて、ごま油を回しかけ、**2**にかける。

好吃
MEMO

生地を裏返してほうれん草を蒸し焼きにするのがポイント。ソースは約1週間冷蔵庫で保存可能。おでんにつけて食べてもおいしいです。牡蠣をえびに、ほうれん草をもやしや小松菜に代えても。

水煎包《スェジェンバオ》

焼き肉まん

台湾には肉まんが何種類もあります。よく煎《い》り焼きした発酵生地で作る肉まんは皮のカリッとした食感が味の決め手。

材料（10個分）

薄力粉 … 100g
強力粉 … 100g
水 … 110mℓ
ドライイースト … 2g
豚ひき肉 … 150g
キャベツ（1cm角に切る）
　… 200g
青ねぎ（1cm長さに切る）
　… 2本

A
水・しょうゆ … 各大さじ1
塩 … 小さじ1
グラニュー糖 … 小さじ½
ごま油 … 大さじ1
白こしょう … 小さじ¼
しょうが（すりおろし）
　… 小さじ1

白ごま … 少々
サラダ油 … 適量

作り方

1 薄力粉と強力粉をボウルに入れてよく混ぜ、真ん中にくぼみを作って水⅓量を入れ、ドライイーストを加える（写真**a**）。スプーンを使って水とイーストを混ぜてから残りの水を加える。

2 スクレーパーで切りながら全体をポロポロの状態になるまで混ぜたら（写真**b**）、手でこねて1つの生地にまとめる（写真**c**）。

3 サラダ油を塗った台の上で生地が柔らかくなめらかになるまで約5〜10分よくこねる。ボウルに戻しラップをかけて1.5倍の大きさになるまで30分ほど発酵させる。

4 ひき肉と**A**をボウルに入れ、粘りが出るまでよく混ぜる。キャベツと青ねぎを加えて混ぜたら、10等分しておく。

5 **3**の生地を10等分にして（写真**d**）丸める。麺棒で直径10cmの円形に伸ばしたら**4**をのせ、親指と人差し指で作ったくぼみを使って肉だねを押し込むようにして包む（写真**e**、**f**）。最後はねじって押し込んでとめる（写真**g**）。

6 フライパンに油大さじ1〜2を熱し、**5**をねじった部分を上にして並べ、焼く。焼き目がついたら肉まんの高さ½まで水（分量外）を入れる。沸騰したらふたをして弱火で10〜15分ほど焼く。ふたを開けて水分を飛ばし、ごまをふりかけ、油大さじ1を鍋肌から回し入れ底面に焼き色をつける。

a

b

c

d
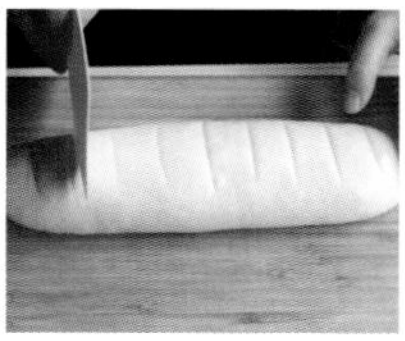

e

f
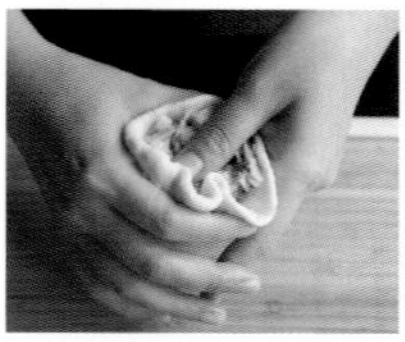

g

好吃
MEMO

野菜を入れる前に調味料とひき肉をしっかり混ぜておくのがコツ。野菜のシャキシャキ感が残ります。にらやはるさめを入れてもおいしいです。

茶葉蛋《チャーイェダン》

スパイス煮玉子

台湾のコンビニに必ずあるのが
電鍋で煮込まれた熱々の煮玉子。
鼻をくすぐるスパイスの香りが
食欲をそそります。
朝食や小腹がすいたときの
おやつ代わりにどうぞ。

材料（6個分）

卵…6個
塩…小さじ1

A
- 紅茶（ティーバッグ）…2個
- 烏龍茶（ティーバッグ）…1個
- しょうゆ…100g
- 八角…2個
- 黒糖…大さじ2
- 花椒…小さじ½
- 水…500mℓ

作り方

1 卵の殻をよく洗って鍋に入れ、卵を覆う量の水を入れる。

2 鍋に塩を加え、強火にかけ沸騰したら弱火にして約10分、ふたをして火を止め約5分間蒸らす。取り出した卵の粗熱が取れたらスプーンの背で叩いて殻にひびを入れる。

3 **A**を鍋に入れて煮立たせ、卵を入れて弱火で30分〜1時間煮る。粗熱が取れたらティーバッグを取り出し、保存容器に汁ごと入れて（写真**a**）約1時間冷蔵庫で冷やす。

a

好吃
MEMO

塩を入れてゆで卵を作ることで味が染み込みやすくなります。冷たいままでもいいし、好みで食べる前に鍋で温めると香りが立っておいしいです。

炸醤麺《ザージャンミエン》
台湾風ジャージャー麺

街の麺食堂で人気の炸醤麺。
細くこしの少ない台湾の白麺の代わりに稲庭うどんを、
干し豆腐の代わりに厚揚げを使いました。

好吃
MEMO

自家製甜麺醤は冷蔵庫で約1か月保存可能。市販のものを使ってももちろんOKです。

材料（2人分）

稲庭うどん … 2束
豚ひき肉 … 300g
にんにく（みじん切り）… 大さじ1
しょうが（すりおろし）… 小さじ1
厚揚げ（1cm角切り）… 100g
A
- 赤みそ … 120g
- グラニュー糖 … 大さじ2
- サラダ油 … 大さじ3
- 水 … 大さじ2

豆板醤 … 小さじ1
練りごまペースト … 大さじ1
B
- しょうゆ … 大さじ½
- 水 … 1カップ
- 三温糖 … 大さじ½
- 白こしょう … 少々

水溶き片栗粉 … 少々
きゅうり（千切り）… 1本
青ねぎ（細切り）… 2本

作り方

1 甜麺醤を作る。**A** の材料をすべて鍋に入れよく混ぜる。鍋を中火にかけ混ぜながら中心が沸騰したら火を止める。厚揚げは表面がカリッとするまで焼いておく。

2 フライパンに油をひき、ひき肉をばらばらになるまで炒める。にんにく、しょうがを加えてよく炒めたら、甜麺醤大さじ1と豆板醤、練りごまペーストを入れ、香りが出るまで中火で炒める。

3 **2** に **B** の材料を加え5分ほど煮たら、厚揚げを加え、弱火にして水溶き片栗粉でとろみをつける。

4 器にゆでたうどんと **3** を盛り、きゅうりを添えて青ねぎをちらす。

蕃茄牛肉麺《ファンチィエニョーロウミェン》

牛肉トマト麺

ゴロゴロと入った大きめの肉と野菜に
複雑な味が絡み合うトマトスープ。
大きな鍋いっぱいに作っても
あっという間に平らげてしまうほどのおいしさ。
私の家に代々伝わる大切なレシピです。

材料（4人分）

きしめん … 4束
牛すね肉 … 500g
にんじん（乱切り）… 1本
大根（乱切り）… ¼本
トマト（乱切り）… 2個
カットトマト缶 … ¼缶（100g）
高菜漬け（根の部分、5cm長さに切る）… 1個
パイナップル（またはパパイヤ）… 100g
長ねぎ（10cm長さに切る）… 2本
しょうが（厚めのスライス）… 40g
にんにく … 4片
A 五香粉 … 大さじ½
八角 … 2個
しょうゆ … 大さじ2
白こしょう … 小さじ1
B 豆板醤 … 大さじ1
みそ … 大さじ2
塩・白こしょう … 各適量

作り方

1 牛肉は大きめにカットし、2〜3分ゆでてあくを取り、冷水にとって冷ます。パイナップルは皮をむき芯がついたまま大きめに切る。にんにくは皮をむいてつぶす。

2 鍋に材料と**A**を入れ、ひたひたまで水を入れ、強火で沸騰させる。あくを取って弱火にし、ふたをして約1時間半煮る（圧力鍋なら約30分）。

3 **B**を濾《こ》しながら入れ、塩と白こしょうで味をととのえたら、ゆでた麺にかける。好みで高菜炒めやパクチー（分量外）をのせる。

炒酸菜《ツァオスゥアンツァイ》

高菜炒め

材料（作りやすい量）

高菜漬け（粗みじん切り）
　… 250g
にんにく（みじん切り）… 2かけ
ごま油 … 大さじ1
グラニュー糖 … 大さじ1
酢 … 大さじ1

作り方

フライパンにごま油を熱し、高菜とにんにくを炒める。水分が飛んだらさらに1分弱炒めてからグラニュー糖を加えて混ぜる。仕上げに酢を入れ、30秒炒める。

好吃
MEMO

パイナップルやパパイヤの酵素が肉を柔らかくしてくれます。1日目は麺、2日目は牛肉飯としてどうぞ。玉ねぎを油で炒めて残った具とスープを入れ、オイスターソースで味をととのえたら、水溶き片栗粉でとろみをつけて、ご飯にかけます。

COLUMN

1

台湾家庭の料理事情

台湾の母の味といえば、やはりスープ。同じ食材を使っても家庭ごとに異なる味のスープは、日本におけるみそ汁のような存在です。台湾のスープのだしは骨付き肉からとるのが基本です。そしてスープを作るときに欠かせないのが「電鍋」です。日本の昔の炊飯器のようなもので、外釜と内釜の二重構造になっており、外釜に水を入れることで蒸気の熱で調理する電気鍋です。一家に1台以上あると言われる電鍋に、具材を仕込んでスイッチを入れるだけで、温かいスープができるというすぐれもの。スイッチひとつで煮る、蒸す、炊く、温める、保温ができるので、蒸し料理好きで熱々の料理を好む台湾人にとっては生活のパートナー的存在。ある意味電子レンジのような調理器具なのです。

また、台湾は共働きの家庭が多く女性も忙しいので、実は外食に頼ることも多いです。特に朝ごはんは豆乳や粥などの専門店が早朝から数多く開いていて、店で朝食を食べてそのまま出勤したり、テイクアウトして家族と食べたりしています。

どこで何を食べるにしても、食べることが大好きな台湾人は家族や友人と大勢で集まって、皆でごはんを食べる機会を何よりも大切にしています。

専用のトングを使えば、熱くなったお皿でもサッと取り出すことができます。

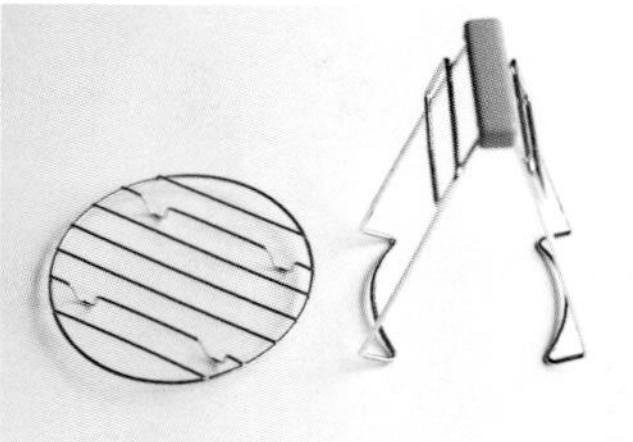

蒸し料理好きの台湾家庭に欠かせないのが、蒸し皿と専用のトング。台湾の市場や「五金行」と呼ばれる金物店などで購入できます。

二章

台湾式朝ごはんと身体に優しいスープ

朝食専門店にならぶ
豆乳やクレープなど
伝統的な朝ごはんと
人気上昇中のサンドイッチ。
台湾人の朝はヘルシーメニューから
スタートします。
家でいただく夕飯には、
お母さんの作るスープが欠かせません。
季節の野菜をたっぷり使い、
素材の旨味を引き出した
絶品スープで体調を整えましょう。

豆漿《ドウジャン》

手作り豆乳

台湾人は牛乳よりも豆乳好き。
大豆を蒸らさずに作るので、
日本の豆乳よりさっぱりした味です。
冷やしても、ホットでも楽しめます。

材料（約700mℓ分）

大豆 … 140g
水 … 1ℓ

作り方

1 大豆をよく洗う。形が悪い豆を取り除く。ボウルに豆と3倍の量の水（分量外）を入れ、冷蔵庫で2晩つけておく。

2 **1**の豆を水でよく洗い、ざるにあげる。

3 大豆と水半分をミキサーにかけ、布で濾し鍋に移す。

4 鍋に残りの水を加え、中火にかける。表面に泡が出てきたらよく混ぜて泡を消す。沸騰したら弱火にして混ぜながら15分ほど煮る。

好吃
MEMO

冷蔵庫で約3日間保存可能。
グラニュー糖や三温糖を少し加えて甘くするとまろやかで、口当たりがよくなります。

蛋餅《ダンビン》

薄焼き卵のねぎクレープ

台湾人の鉄板朝食メニュー。
ボリュームがほしいときは
ハムやコーンをプラスして
カスタマイズします。

材料（6枚分）

A
- 薄力粉 … 90g
- 強力粉 … 90g
- タピオカの粉 … 90g
- 塩 … 小さじ½

水 … 2と½カップ
青ねぎ（小口切り）… 適量
卵 … 6個
サラダ油 … 適量

作り方

1 **A**の材料をボウルに入れ、水を⅔量入れて混ぜる。粉が溶けたら残りの水を足してよく混ぜる。濾してから青ねぎを入れる。

2 フライパンを中火にかけて油大さじ1をひき、**1**の生地をお玉1杯分入れて薄く伸ばす。生地が固まったら（写真**a**）裏返し、焼色がつくまで焼く。残りの生地も同様に焼く。

3 熱したフライパンに油をひき、卵1個を溶いて流し入れ、その上に焼いた生地をのせる。卵に火が通ったら裏返してスライスチーズやベーコンなど好きな具をのせて巻き上げる。

4 **3**をフライパンから取り出し、食べやすい大きさに切る。しょうゆやチリソースなど好みのソースをかける。

a

好吃
MEMO

焼いた生地は1枚ずつクッキングシートにはさんでポリ袋に入れて、冷凍庫で約2週間保存可能。溶き卵を流したら凍ったまま一緒に焼きます。

花生豬排三明治《ホワシェンヂューパイサンミンズー》

ピーナッツポークサンドイッチ

台湾ではボリューミーなサンドイッチが大人気。ピーナッツバターの甘さがクセになります。

材料（1人分）

豚肉（しょうが焼き用）… 2枚
スライスチーズ（溶けるタイプ）… 1枚
レタス … 1枚
食パン（6枚切り）… 2枚
A
- しょうゆ … 大さじ1
- 酒 … 大さじ1
- 三温糖 … 大さじ1
- 白こしょう … 小さじ¼

にんにく（すりおろし）… 少々
ピーナッツバター（加糖）… 適宜
マヨネーズ … 適宜
サラダ油 … 大さじ1

作り方

1 ポリ袋に**A**と豚肉を入れてよくほぐし、20分ほどつけておく。

2 フライパンにサラダ油を入れて強火にかけ、汁けをきった豚肉を重ならないように並べ、焼色がつくまで両面しっかりと焼く。

3 トーストした食パン1枚の片面にピーナッツバターを、もう1枚にはマヨネーズを塗る。

4 下からマヨネーズを塗ったパン、レタス、チーズ、肉、ピーナッツバターを塗ったパンの順に重ね、半分にカットする。

烏龍鮮奶茶《ウーロンシェンナイチャー》

ウーロンミルクティー

サンドイッチに合わせるドリンクなら絶対にミルクティー。さっぱりしたウーロン茶とミルクの相性が以外にも抜群です。

材料（2杯分）

烏龍茶 … ティーバッグ2個（10g）
熱湯 … 2カップ
三温糖 … 大さじ1
牛乳 … 1カップ
氷 … 適量

作り方

1 ティーポットなどにティーバッグと湯を入れ、蓋をして10分ほど蒸らしてからティーバッグを取り出す。三温糖を加えてよく混ぜる。

2 粗熱が取れたら、大きめのグラスに6割ほど氷を入れ、**1**のお茶をグラスの8割まで注ぐ。

3 冷やした牛乳を泡立て器でしっかり泡立て、層を作るようにグラスの上から静かに注ぐ。

好吃
MEMO

烏龍茶以外にも、ほうじ茶や紅茶など、好きなお茶で作ってください。

好吃
MEMO

豚肉とチーズだけでもボリューミーですが、台湾ではさらに卵焼きを入れて食べるのがお決まり。

鹹豆漿《シェンドウジャン》

温かい豆乳スープ

日本人に大人気！
台湾のナンバーワン朝食です。
お酢の力で豆乳を凝固させ、
おぼろ豆腐のスープになります。
身体にじんわりしみる優しい味です。

材料（1人分）

豆乳…1カップ
餃子の皮（2cm角切り）
…1枚分

A
- 酢…大さじ1
- しょうゆ…大さじ½
- 塩・ごま油…各少々

B
- ザーサイ…少々
- 桜えび…少々
- ラー油・パクチー…各適量

サラダ油…大さじ2

作り方

1. フライパンにサラダ油をひいて中火にかけ、餃子の皮を揚げ焼きにする。
2. 器に **A** を入れる。
3. 豆乳を鍋に入れて中火にかけ、沸騰したら器に一気に注ぐ。
4. **1** と **B** をトッピングする。

好吃
MEMO

豆乳は市販のものなら無調整タイプを選びましょう。酢の量を増やすと固まりやすくなりますが、その分すっぱくなるので注意が必要です。

大根餅

蘿蔔糕《ロウボウガオ》

米粉で作るから満腹感があり、台湾では朝ごはんとして人気があります。

材料（パウンドケーキ型1本分）

大根（千切り）
…150g（約3cm）
ごま油…大さじ1
干ししいたけ（水で戻して1cm角切り）…4g
干しえび（粗みじん切り）
…5g
フライドオニオン…大さじ2

A
- 水…½カップ
- グラニュー糖…小さじ1
- 塩…小さじ½
- 白こしょう…少々

B
- 米粉…120g
- 片栗粉…30g
- 水…150mℓ

作り方

1 フライパンにごま油をひき、中火で干ししいたけを炒める。焼き色がついたら干しえびを入れ、香りが立ってきたら火を止め、フライドオニオンを入れて混ぜる。

2 **1**に水けをきった大根と**A**を入れ、中火にかける。沸騰したら火を止める。

3 ボウルに**B**を入れてゴムベラでよく混ぜたら（写真**a**）、**2**のフライパンに移し、さらによく混ぜる（写真**b**）。

4 フライパンをまた中火にかけ、約5分焼きながら練り込む（写真**c**）。

5 型にごま油を塗ってから、4を入れて（写真**d**）約30分蒸す。

6 粗熱が取れたら型から取り出してラップをし、冷蔵庫で約2時間おき、完全に冷えたら1.5cm幅に切り、フライパンで焼き目をつける。

a
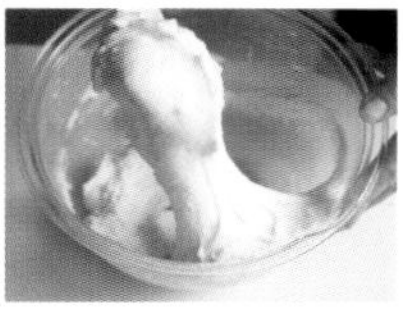

b

c

d

好吃
MEMO

一口サイズにしてスープに入れてもおいしいです。カットして1つずつラップにくるめば約2週間冷凍保存できます。

山薬排骨湯《シャンヤオパイグータン》

長芋とスペアリブの薬膳スープ

ホロッとした長芋の食感がおいしいスープです。
長芋やしょうがなどの具材は
免疫力を高めると言われています。
ナツメは身体の気の流れを調整し、
冷えの解消や貧血改善が期待できます。

材料（2〜3人分）

豚スペアリブ（もしくは軟骨）… 200g
長芋 … 300g
ナツメ … 5個
しょうが（薄切り）… 5枚
水 … 4カップ
酒 … 大さじ3
クコの実 … 大さじ½（4g）
塩・白こしょう … 各適量

作り方

1 豚スペアリブを湯通しして流水でよく洗う。長芋は皮をむいて大きめの一口大に切る。

2 鍋に豚スペアリブとナツメ、しょうが、水、酒を入れて強火にかけ、沸騰したら弱火にして20分ほど煮る。

3 **2**に長芋を入れてさらに15分ほど煮る。クコの実と塩、白こしょうを入れて味をととのえ、5分ほど煮る。

好吃
MEMO

食感を生かすために、長芋は最後に入れて煮詰めないようにするのがコツです。何度も火にかけると溶けてしまうので気をつけて。輪切りのとうもろこしを足せば芯から甘みが出て子どもにも食べやすくなりますよ。

香菇雞湯《シャングージータン》

しいたけと鶏肉のスープ

簡単なのに驚くほどおいしい！
台湾では料理初心者の入門メニューです。

材料（2〜3人分）

鶏手羽先（または鶏手羽元）… 250g
干ししいたけ … 4枚
生しいたけ … 4枚
しょうが（薄切り）… 5枚
酒 … 大さじ1
しょうゆ … 大さじ1
水 … 4カップ
塩・白こしょう … 各適量

作り方

1 干ししいたけは100mℓの水（分量外）で戻し、石づきを取る。戻し汁はとっておく。生しいたけは石づきを取る。

2 手羽先を湯通しして流水でよく洗う。

3 鍋に**1**、**2**としょうが、酒、しょうゆ、水、戻し汁を入れ、強火にかける。沸騰したら弱火にして20分煮込む。

4 塩、白こしょうで味をととのえる。

好吃
MEMO

干ししいたけからはおいしいだしとコクが出ます。生しいたけは食感を楽しむために。しいたけのダブル使いがおいしさの秘訣です。

酸辣湯《スァンラータン》

サンラータン

「辣」はヒリヒリする辛さのこと。
白こしょうの辛さと酢の酸味がこのスープの要です。

材料（2〜3人分）

豚肉（細切り）… 100g
にんじん（千切り）… 3cm
ゆでたけのこ（千切り）… 30g
乾燥きくらげ（水で戻して千切り）
… 2〜3枚
生しいたけ（千切り）… 中2個（30g）
木綿豆腐（水切りして細切り）… 30g
A
しょうゆ … 小さじ1
片栗粉 … 小さじ1
白こしょう … 少々

鶏ガラスープ … 4カップ
B
しょうゆ … 大さじ2
塩 … 小さじ½
白こしょう … 小さじ1
酢 … 大さじ2
溶き卵 … 1個分
水溶き片栗粉 … 大さじ2
ラー油・ごま油 … 少々
パクチー … 適宜
サラダ油 … 大さじ1

作り方

1 ボウルに豚肉と**A**を入れて軽くもんで下味をつける。

2 鍋にサラダ油を中火で熱し、にんじん、生しいたけを炒める。火が通ったら、きくらげ、ゆでたけのこを加えてさらに炒める。

3 **2**に鶏ガラスープを加え、沸騰したら**B**を入れて混ぜる。**1**の豚肉を入れて火が通ったら豆腐を加える。酢を入れてから水溶き片栗粉でとろみをつける。

4 最後に溶き卵を回しかけて軽く混ぜる。ラー油とごま油、パクチーをトッピングする。

好吃
MEMO

日本で酸辣湯は、豆板醤が入っていて驚いたことがありました。食べる直前に黒酢と黒こしょうを足すと、大人の味になりますよ。

冬瓜海瓜子排骨湯《ドングァハイグワヅパイグータン》

冬瓜とあさりと豚軟骨のスープ

あさりのだしと豚肉の旨味が相性抜群。
夏におすすめのさっぱりスープです。

材料（2〜3人分）

豚軟骨（またはスペアリブ）… 200g
冬瓜（3cm角切り）… 200g
あさり（砂抜き）… 100g
しょうが（薄切り）… 5枚
しょうが（千切り）… 少々
水 … 4カップ
酒 … 大さじ3
塩・白こしょう … 各適量
ごま油 … 適量

作り方

1 豚軟骨を湯通しして流水でよく洗う。

2 鍋に**1**、薄切りしょうが、水を入れて中火にかけ、沸騰したら弱火にして20分煮る。冬瓜を入れてさらに15分ほど煮る。

3 酒、あさり、千切りしょうがを加え、2〜3分中火にかけ、あさりが全部開いたら塩・白こしょうで味をととのえる。火を止めて少量のごま油で香り付けする。

好吃
MEMO

冬瓜には身体を冷やす作用があります。台湾では一年を通して手に入る、はまぐりを使って作ります。

鳳梨苦瓜雞湯《フォンリークーグワジータン》

ゴーヤとパイナップルのスープ

南国・台湾ならではの組み合せ。驚くかもしれませんが程よい酸味がみそスープによくあいます。

材料（2〜3人分）

骨付き鶏もも肉（または手羽先）… 250g
ゴーヤ（3cm角切り）… ½個
パイナップル … 100g
しょうが（薄切り）… 3枚
酒 … 大さじ2
水 … 4カップ
みそ … 大さじ1
塩・白こしょう … 各適量

作り方

1. パイナップルは一口大に切る。鶏肉は湯通しして流水でよく洗う。
2. 鍋に**1**、しょうが、酒、水を入れ、強火にかける。沸騰したら弱火にして20分煮る。
3. **2**にゴーヤとみそを溶かしてさらに10分ほど煮たら、塩、白こしょうで味をととのえる。

好吃
MEMO

苦みを抑える調理のコツは、ゴーヤのわたをしっかり取り除くこと。そして長時間煮ないことです。

佛跳牆《フォーティアオチアン》

贅沢ぶっとびスープ

「スープの香りがあまりに素晴らしく坊主が壁を飛び越えてやってくる」という逸話が有名な伝統の美食スープ。あわびやなまこなどの高級食材の代わりに日本の食材だけで再現してみました。

好吃 MEMO

スープは蒸して作ると旨味が閉じこめられるのでおすすめです。**6**で煮込むところをふた付きの器で1時間以上蒸らせばできあがり。好みで、蒸す前に牛すじと魚の皮を加えると、とろりとしたスープになります。*の材料はなくてもOK、代わりに好きな具材を入れてもいいです。

材料（4個分）

豚軟骨（またはスペアリブ）…150g
鶏の手羽先…2本（120g）
里芋（皮をむく）…100g
にんにく…4片
青ねぎ（5cm長さに切る）…1本
干しホタテ…4個
干しえび…大さじ½（5g）
干ししいたけ…4個
フライドオニオン…大さじ1
白菜（5cm幅に切る）…3枚
ゆでたけのこ（薄切り）…50g
*エリンギ…1本
*うずらの卵（ゆで）…4個
*ゆで栗…2個
ナツメ…2つ

A
- しょうゆ…大さじ2
- グラニュー糖…大さじ1
- 酒…大さじ2
- 片栗粉…大さじ1

B
- しょうゆ…大さじ1
- オイスターソース…大さじ2
- 酒…大さじ3

鶏ガラスープ…3カップ
サラダ油…大さじ3
塩・白こしょう…各適量

作り方

1 干しホタテを水適量で4時間つけて戻す。干しえび、干ししいたけも水適量で15分ほどつけて戻し、戻し汁はすべてとっておく。

2 豚軟骨、手羽先、里芋を**A**の下味に浸け、20分たったら取り出す。

3 フライパンに油大さじ2を熱し、**2**を濃いめの焼き色がつくまで中火で焼く（中は生のままでよい）。

4 大きめの鍋に油大さじ1を熱し、青ねぎとにんにくを焼き色がつくまで中火で炒め、干しエビと干ししいたけ、フライドオニオンを加え香りが出るまで炒めたら、**B**を加え、強火で軽く炒める。

5 **4**に戻し汁全量と鶏ガラスープを加えて沸騰させる。

6 **5**に干しホタテと**3**、残りの材料を入れてもう一度沸騰したらふたをして、弱火で1〜2時間ゆっくりと煮込む。塩・白こしょうで味をととのえる。

COLUMN

2

日本の食材で台湾の味を作るコツ

台湾料理は日本の調味料や食材で作れますが、使い方による微妙な違いが台湾の味を再現するときの大きな差になります。より本場に近くなる使い方をお教えします。

砂糖：台湾で砂糖といえばグラニュー糖のこと。グラニュー糖は上白糖よりさっぱりした甘さ。台湾にはみりんがないので、料理で砂糖の種類を変えます。氷砂糖を使ってツヤを、三温糖や黒糖でコクを出します。

しょうゆ：煮込み料理が多い台湾のしょうゆは基本的に甘めの濃口です。九州の甘いしょうゆを使うとよいです。

白こしょう：台湾料理の9割に使われる、味の決め手となるスパイス。量もたくさん使います。

お酢：台湾の酢は主にもち米で作られています。小麦等を配合した穀物酢より酸味が弱く、米酢より甘さ控えめ。日本の米酢なら色の薄いものを選ぶとよいです。

酒：台湾料理に使う酒は米の酒です。日本の料理酒は塩が入っていることが多いので、辛口の日本酒や泡盛をおすすめします。

黒酢：台湾の黒酢は果物を発酵したものでまろやかでフルーティな味。日本では黒酢よりも味の近いウスターソースで代用します。

タピオカ粉：強い粘りと弾力で、卵クレープ（蛋餅）などに使われます。揚げものの衣に使うと片栗粉よりもサクサクな食感に。日本でもオンラインストアなどで手に入ります。

しょうが：台湾人は湿気が強い気候で生活するために、しょうがで体中の湿気を出してバランスをとっています。日本のものより味が濃いのが特徴。風通しのよい室内で3日以上乾燥させると味が濃くなり、台湾のものに近くなります。

青ねぎ：台湾には長ねぎがありません。緑色の葉の部分が多い、九条ねぎやわけぎを使うとよいです。

フライドエシャロット：ルーロー飯など代表的な台湾料理の味の決め手となる食材で、本書ではフライドオニオンで代用しています。エシャロットのほうがクセや香りが強いのが特徴です。

三章

ご飯がすすむ食堂のおかずと小皿

台湾で老若男女に愛される街の食堂。
テーブルに並んだ料理を、
取り皿がわりの白飯に
ちょこんとのせてから
口に運ぶのが台湾スタイル。
材料や作り方はシンプルですが、
ご飯との相性は抜群。
台湾おかずを白飯とともに召し上がれ。
箸休めの小皿は
常備菜としてもおすすめです。

蒼蠅頭《ツアンイントウ》

にんにくの芽と豚ひき肉の旨辛そぼろ

蠅の頭というすごい名前がついてますが、ご飯との相性は抜群！
台湾では花にらを使いますが、食感が似たにんにくの芽を使います。

材料（2人分）

にんにくの芽（1cm長さに切る）… 200g
豚ひき肉 … 100g
A
- 豆豉 … 40g
- 水・酒 … 各大さじ1
- しょうゆ … 大さじ1
- グラニュー糖 … 小さじ2

B
- にんにく（みじん切り）… 2〜3片
- しょうが（みじん切り）… 10g

作り方

1 ボウルに **A** を入れてあえ、15分ほどおく。

2 フライパンにサラダ油大さじ½（分量外）をひいて中火にかけ、ひき肉を炒める。火が通ったら **B** を加え、香りが出るまでよく炒める。

3 **2** に **1** を加えさらに炒め、最後ににんにくの芽を入れて3〜5分炒める。

好吃
MEMO

ピータンを刻んで入れてもおいしいです。辛いのが好きな人は輪切りの赤唐辛子を加えても。花にらで作る場合は最後の炒める時間を1〜2分にします。

青唐辛子の肉詰め

辣椒鑲肉《ラージャオシャンロウ》

街の惣菜屋さんでも人気の1品。
冷やすと味がしみるので、
作り置きしてお弁当のおかずにも。

材料（2人分）

万願寺唐辛子…8〜10本
豚ひき肉…200g

A
- 青ねぎ（小口切り）…2本
- しょうが（すりおろし）…小さじ1
- しょうゆ…大さじ1
- 酒…大さじ1
- 白こしょう…少々
- グラニュー糖・片栗粉…各小さじ1
- ごま油…少々

B
- しょうゆ…大さじ1と½
- 酒…大さじ1
- 三温糖…大さじ1
- 水…70mℓ

サラダ油…大さじ1

好吃 MEMO

肉だねを詰めるのが難しいときは、箸で優しく押し込むようにするとよいです。細い青唐辛子の場合は、縦にハサミで切り目を入れて肉だねを入れます。冷蔵庫で約3日間保存可能。

作り方

1 万願寺唐辛子はへたを切り落とし、箸で中身を取り出す。

2 豚ひき肉と**A**をポリ袋に入れてよくもんで混ぜる。ポリ袋の角を1か所、1.5cmくらいの幅でカットする。

3 **1**に**2**の肉だねを絞り出すようにして、奥からできるだけすき間なく詰める（写真**a**）。

4 フライパンにサラダ油をひいて熱し、中火で全体に焼き色がつくまでしっかり焼く。

5 混ぜ合わせた**B**を加え、沸騰したらふたをして弱火で10〜15分煮る。ふたを開けて中火にし、箸で転がしながら煮詰め、水分を飛ばす。

a

三杯鶏

三杯雞《サンベイジー》

台湾の代表的な料理の1つ。
酒、しょうゆ、ごま油が
3杯入るので「三杯」。
ここではヘルシーに
油を少なめにしています。

材料（2人分）

鶏もも肉（唐揚げ用）
…200〜250g
しょうが（薄切り）…8〜10枚
にんにく（皮をむく）…4〜5片
バジルの葉…1房分
ごま油…大さじ2
A 酒・しょうゆ…各大さじ3
グラニュー糖
…大さじ1と½

作り方

1 フライパンを熱し、鶏もも肉を皮目から中火で焼く。表面全体に焼き色がついたら取り出しておく。

2 フライパンの余分な油を取ってから、ごま油を入れてしょうがを3〜5分ほど炒める。にんにくを加え、焼き色がつくまでさらに炒める。

3 **2**に**1**を戻し、**A**を加えて沸騰したらふたをし、弱火にして10分煮る。ふたを開けて水分を飛ばし、とろとろになったら火を止めてバジルを入れ、余熱で火を通す。

三杯きのこ

三杯菇《サンベイグー》

三杯鶏のきのこバージョンもあります。
もちろん鶏ときのこのあわせ技も◎
きのこの食感が楽しい、
お酒のつまみにもなる一品です。

材料（2人分）

エリンギ（乱切り）…3本
しいたけ（石づきを取り半分に切る）…3枚
厚揚げ（一口大に切る）…1丁（150g）
しょうが（薄切り）…8〜10枚
にんにく（皮をむく）…4〜5片
バジルの葉…1房分
ごま油…大さじ3
A 酒・しょうゆ…各大さじ3
グラニュー糖…大さじ1と½

作り方

1 フライパンにごま油大さじ1を熱し、エリンギ、しいたけ、厚揚げを中火で焼く。表面全体に焼き色がついたら取り出しておく。

2 フライパンの余分な油を取ってから、ごま油大さじ2を入れて中火でしょうがを3〜5分ほど炒める。にんにくを加え、焼き色がつくまでさらに炒める。

3 **2**に**1**を戻し、**A**を加えて沸騰したら、中火のまま混ぜながら水分を飛ばし、とろとろになったら火を止めてバジルを入れ、余熱で火を通す。

好吃MEMO

きのこの代わりにいかを使った三杯いかも簡単なので台湾ではよく食べます。辛いのが好きな人は赤唐辛子をにんにくと一緒に炒めてもおいしいです。

鹹蜆仔《シェンラーアー》

しじみのしょうゆ漬け

日本でも人気のしじみのしょうゆ漬けは、よく冷やしていただきます。お酒のつまみにするなら、赤唐辛子を加えてピリッとさせるのもまた美味です。

材料（2人分）

しじみ（砂抜き）… 300g
にんにく … 5〜6片
しょうが（薄切り）… 5枚
A しょうゆ … 1カップ
酒 … ½カップ
三温糖 … 大さじ2

作り方

1 よく洗ったしじみをポリ袋に入れて一晩冷凍する。

2 保存容器で**A**を混ぜ合わせ、包丁の背でつぶしたにんにくとしょうがを入れる。

3 **2**に凍ったままのしじみを入れて、冷蔵庫で一晩漬けるか、室温で3〜4時間解凍しながらつける。

好吃
MEMO

しじみは冷凍することで殺菌効果があります。解凍中にしじみが開いて味がしみ込みます。つけたしじみは冷蔵庫で約3日間保存可能。酒を紹興酒に変えてもおいしいです。

生炒花枝《センツァオホワズー》

いかとセロリの炒めもの

台湾でも種類が豊富ないかは、
台湾人も好んで食べます。
いかとセロリの炒めものは
最もポピュラーな料理の1つ。
いかの表面に格子状の切り込みを入れれば、
華やかなおもてなし料理に変身。

材料（2人分）

生いか（胴の部分）
…1杯（200g）
しょうが（短冊切り）…10g
にんにく（粗みじん切り）
…2〜3片
青ねぎ（3cm長さに切る）…1本
にんじん（短冊切り）…3cm
ゆでたけのこ（スライス）
…30g
セロリ（短冊切り）…1本
A
- 酒・しょうゆ
…各大さじ1
- 塩・グラニュー糖
…各小さじ½
- 黒酢…大さじ1.5
- 白こしょう…少々

水溶き片栗粉
…大さじ1

作り方

1 下ごしらえをしたいかを食べやすい大きさに切る。

2 フライパンにサラダ油大さじ1（分量外）をひいて熱し、しょうが、にんにく、を中火で炒める。香りが立ったら青ねぎを入れ焼き色がつくまで炒める。

3 **2**ににんじん、ゆでたけのこを加え、2分ほど炒める。セロリを加えて軽く炒めたら、最後にいかを入れる。火が少し通ったら**A**を入れてさらに炒める。

4 水溶き片栗粉を加え、とろみをつける。

好吃
MEMO

黒酢でなく普通の米酢を使うとさっぱり感がアップ。**A**の材料に水50mℓを加えてあんかけ風にして、ご飯や焼きそばにかけて食べてもおいしいです。

蔥油雞《ツォンヨウジー》
ねぎ油チキン

焼かずに作れる無煙料理として
台湾の家庭でも重宝される一品。
ねぎだれの香りが食欲をそそります。
ねぎだれは蒸した豚トロや
焼き肉にかけてもおいしく万能です。

材料（2人分）

鶏もも肉（皮付き）… 1枚
しょうが（薄切り）… 2枚
青ねぎ（5cm長さに切る）… 1本

A
- 塩 … 小さじ½
- 白こしょう … 少々
- 酒 … 大さじ1

B
- 青ねぎ（小口切り）… 2本分
- しょうが（すりおろし）… 小さじ1

塩 … 小さじ¼
白こしょう … 少々

C
- ごま油・サラダ油 … 各大さじ1

作り方

1 鶏もも肉と**A**をポリ袋に入れてよくもんだら、取り出して皿にのせ、しょうがと青ねぎをのせて15分ほど蒸し上げる。

2 **B**を耐熱容器に入れ、熱した**C**を注ぎ、塩、白こしょうを加えてソースを作る。

3 取り出した鶏もも肉を2cm幅に切り、ソースをかける。

好吃
MEMO

鶏もも肉はレンジ調理でもOK。耐熱皿に皮目を下にしてのせ、ふんわりとラップをかけて600Wで約6分加熱します。ダイエット中の人はむね肉にしても◎。

梅漬番茄《メイズファンチエ》

トマトの梅漬け

夏の定番前菜。食欲がないときでも食べやすい、爽やかな甘酸っぱさ。青じそやミントとの相性もバッチリです。

材料（2人分）

ミニトマト … 300g
干し梅（甘いもの）
… 15〜20g
グラニュー糖
… 大さじ1と½
熱湯 … 20mℓ

作り方

1 ミニトマトの皮に包丁で切れ目を入れ、沸騰した湯（分量外）に30秒ほどくぐらせ、冷水にとり、皮をむく。

2 密閉できる保存容器に干し梅、グラニュー糖、湯を入れてよく溶かしてから1を加える。全体をおおう量の水（分量外）を入れ、2時間ほどつける。

好吃
MEMO

干し梅はコンビニなどで売られている種なしタイプの甘いものがぴったりです。保存容器は必ず煮沸消毒を。冷蔵庫で約3日間保存可能。冷製パスタやそうめんのつゆに入れても◎。

魚香烘蛋《ユイシャンホンダン》

魚香ソースオムレツ

四川料理が発祥の豆板醤、しょうゆ、酢で作る魚香《ユイシャン》は、台湾料理でも欠かせないソースの1つです。揚げなすやから揚げ、焼いた厚揚げともよくあいます。

材料（2人分）

豚ひき肉 … 150g
溶き卵 … 3個分
青ねぎ（小口切り）… 2本
にんにく（みじん切り）… 2片
しょうが（みじん切り）… 10g

A
- 塩 … 小さじ¼
- 豆板醤 … 小さじ1
- しょうゆ・酢 … 各小さじ2
- グラニュー糖 … 小さじ2
- 水 … 150mℓ

水溶き片栗粉 … 大さじ2
サラダ油 … 適量

作り方

1 フライパンにサラダ油大さじ1をひいて熱し、豚ひき肉を中火でよく炒める。にんにくとしょうがを加え、さらに炒める。

2 **A** を加え、沸騰したら青ねぎを入れる。水溶き片栗粉でとろみをつけたら、取り出しておく。

3 フライパンにサラダ油大さじ3〜4をひいて中火で熱し、少し煙が出るくらい高温になったら溶き卵を入れる。卵が大きく膨らんで全体が少し固まったら裏返してさらに30秒〜1分焼く。

4 皿に **3** をのせ、**2** をかける。

滑蛋蝦仁《ホアダンシャーレン》

えびと卵の炒めもの

子どもから大人までみんなが大好きなえび入りの卵焼き。忙しいときでも食卓にパッと華を添えてくれる、超簡単スピード料理です。

材料（2人分）

えび … 6〜8尾
溶き卵 … 2個
青ねぎ（小口切り、白と青の部分を分けておく）… 3本

A
- 酒 … 大さじ½
- 塩 … 小さじ¼
- 白こしょう … 少々
- 片栗粉 … 少々

B
- ごま油 … 大さじ½
- 塩 … 小さじ½
- 白こしょう … 少々

作り方

1 えびは殻をむいてよく洗い、合わせた **A** につけておく。溶き卵と **B** をよく混ぜ合わせる。

2 フライパンに少量のサラダ油（分量外）を熱し、**1** のえびとねぎの白い部分を中火で炒める。えびに火が通ったら、卵液を入れ手早く炒めて皿に盛る。

3 ねぎの青い部分をちらす。

好吃
MEMO

魚香ソースは多めに作っておけばいろんな料理に使えます。冷蔵庫で約3日間保存可能。卵は好みの調理方法でどうぞ。

好吃
MEMO

えびの代わりに、大きめのカニカマを使ってもおいしいです。しっかり炒めればお弁当のおかずにも。

醉雞《ツォエジー》

酔っぱらいチキン

ほんのりお酒が香る台湾風の鶏ハム。
コラーゲンがたっぷりで、
つるんとした舌触りが特徴的。
よく冷やして好みの厚さで食べましょう。

好吃
MEMO

冷蔵で約1週間、切らずに汁ごと密封保存袋に入れて冷凍すれば約1か月保存可能です。2〜3本まとめて作ってストックしておくのが便利。酒の代わりに紹興酒で作ると香りが増します。

材料（2人分）

鶏もも肉（皮付き）… 1枚

A
- 酒 … 大さじ1
- 塩 … 小さじ½

B
- 水 … 1カップ
- しょうが（薄切り）… 3枚
- ナツメ … 2個
- クコの実 … 大さじ1
- 花椒・塩 … 各小さじ½
- グラニュー糖 … 小さじ¼

酒 … 1カップ

作り方

1 鶏もも肉はすじを取って肉の厚い部分に切り込みを入れ、合わせた**A**を全体に塗り込む。

2 アルミホイルを広げた上に、**1**の皮目を下にしておき、筒状に巻く（写真**a**）。アルミホイルではみ出さないようにして包み（写真**b**）、両端をしっかり巻き止める（写真**c**）。鍋で沸騰した湯に入れてふたをして弱火で20分ほど煮たら、火を止めて約10分おく。

3 別の鍋に**B**を入れて火にかけ、沸騰したら火を止める。粗熱が取れたら酒を加えて保存容器に移す。

4 **2**を取り出し、アルミホイルをはがして**3**に入れ、冷蔵庫で一晩つける。1cm幅に切り、汁大さじ1〜2をかける。

a

b

c

清蒸魚《チンツェンユイ》

蒸し魚の香味だれ

台湾の家庭では、調理中ににおいや煙の出ない蒸し魚が焼き魚よりも断然人気。タラやハタ、スズキなど白身魚ならなんでもあいます。

材料（2人分）

鯛（切り身）… 2枚
青ねぎ … 2本
しょうが … 10g
A ┌ 酒 … 大さじ2
　│ 塩 … 少々
　│ しょうゆ … 大さじ1
　└ グラニュー糖 … 小さじ1
ごま油 … 大さじ2

作り方

1 青ねぎ1本は5cm長さに、しょうが半量は拍子木切り、残りのねぎとしょうがは千切りにする。魚の両面に塩少々（分量外）を塗る。

2 皿の上に5cmに切った青ねぎとしょうがを半量並べてから鯛をのせ、その上に残りの半量のねぎとしょうがをのせる。

3 混ぜ合わせた **A** を **2** にかける。

4 高さのあるフライパンに蒸し台を置いて **3** の皿をのせ、水2カップ（分量外）程度を入れる。ふたをして中火で15〜20分ほど蒸す（写真 **a**）。

5 皿を取り出して青ねぎとしょうがを取り除く。千切りの青ねぎとしょうがをのせ、上から熱したごま油を回しかける。

a

好吃
MEMO

蒸し台がないときは、小皿を逆さまにして台として使うこともできます。フライパンで蒸す代わりに、ラップをかけて600Wの電子レンジで4〜5分加熱してもOK。

好吃
MEMO

くりぬくのが大変なときは、大根をレンジで1分ほど加熱するとラクにできます。ゴーヤやズッキーニで作ってもおいしいです。

大根の肉詰め

蘿蔔鑲肉《ロウボウシャンロウ》

台湾人はとにかくあんかけが大好き。
見た目が美しく、
下準備だけしておけば
蒸すだけですぐに出せるので、
台湾では宴会料理としても
よく食べられます。

材料（6個分）

大根 … 8cm
豚ひき肉 … 120g
にんじん … 15g
青ねぎ（みじん切り）… 1本
A
- グラニュー糖 … 大さじ½
- しょうゆ … 小さじ1
- 水 … 大さじ1
- 白こしょう … 大さじ½
- 塩 … 小さじ½
- にんにく（すりおろし）… 小さじ½
- しょうが（すりおろし）… 小さじ1
- ごま油 … 大さじ½

片栗粉 … 適量
セロリ（みじん切り）… 30g

作り方

1 大根は皮をむいて2cm厚さに輪切りし、中心を深めにくりぬく（写真**a**）。

2 豚ひき肉とにんじん、青ねぎ、**A**をボウルに入れて粘りが出るまでよく混ぜ合わせ、4等分しておく。

3 **1**の表面に片栗粉を薄くふって（写真**b**）、**2**の肉だねをくりぬいた部分にいれ、半円状に丸くし、皿にのせて約20分蒸す。

4 **3**から出てきた汁をフライパンで熱し、沸騰したら水溶き片栗粉（分量外）でとろみをつける。

5 大根の肉詰めに**4**をかけ、セロリをちらす。

a

b

醃南瓜《イエンナングワ》

かぼちゃの甘漬け

生のシャキシャキとした食感が楽しい小菜《シャオツァイ》。ゆずやオレンジのジャムであえても美味。

材料（2人分）

かぼちゃ…150g
塩…小さじ½
パッションフルーツジャム
　…大さじ3

作り方

1　かぼちゃは種を取り、皮をむいてスライサーで薄切りにする。塩をふって軽くもみ、約15分おく。

2　**1**を水洗いして絞り、水けをきってからパッションフルーツジャムを混ぜ合わせる。

台式泡菜《タイスパオツァイ》

台湾式キャベツ漬け

臭豆腐《しゅうどうふ》の付け合わせとして知られる漬物。冷蔵庫で約2週間保存できます。

材料（作りやすい量・約1ℓ分）

キャベツ（5cm角切り）…½個
にんじん（千切り）…100g
にんにく…3〜5個
塩…大さじ1
酢…150mℓ
グラニュー糖…大さじ4

作り方

1　ボウルにキャベツとにんじんを入れ、塩をふって軽くもんだら約15分おく。軽く水洗いして絞り、水けをきる。

2　保存びんに酢、グラニュー糖、包丁の背でつぶしたにんにくを入れてよく混ぜたら、**1**を入れ一晩つける。

※日にちがたつと酸味が増すので、グラニュー糖を足して調整します。

好吃
MEMO

台湾の食堂に必ず数種類は用意されている小菜。常備菜の仲間にぜひ加えてください。

涼拌四季豆《リャンバンスージードウ》

いんげんのあえもの

小菜の定番のあえものは、ゆでたブロッコリーやさやえんどうでもお試しを。

材料（2人分）

いんげん（3cm長さに切る）
　…150g
にんじん（千切り）…30g
A
グラニュー糖
　…大さじ½
酢…大さじ½
塩…小さじ½
にんにく（すりおろし）
　…小さじ½
しょうが（すりおろし）
　…小さじ1
ごま油…少々

作り方

1　いんげんはへたを取り、約5分ゆでる。にんじんは約1分ゆでる。氷水にとり、冷ます。

2　ボウルに**A**を入れてよく混ぜ、**1**を入れてさらに混ぜる。

瓜仔香菇肉燥《グワザイシャングーロウザオ》

きゅうりの漬物とひき肉のそぼろ

スープや煮物など漬物を使った料理がたくさんある台湾。きゅうりの漬物も缶詰で売られていますが、味付けは濃い目。ここでは最後に塩で味を調整します。

材料（2人分）

豚ひき肉 … 400g
干ししいたけ（水で戻し粗みじん切り）… 6個
きゅうりの漬物（しょうゆ漬け、粗みじん切り）… 80g
玉ねぎ（粗みじん切り）… ½個
にんにく（みじん切り）… 2〜3片
しょうが（みじん切り）… 10g
A
- きゅうりの漬物の汁 … 大さじ1
- オイスターソース … 大さじ1
- 干ししいたけの戻し汁 … ½カップ
- 酒 … 大さじ2
- しょうゆ … 大さじ2
- 三温糖 … 大さじ1

塩・白こしょう … 適量
サラダ油 … 大さじ1

作り方

1 フライパンにサラダ油大さじ1を熱し、中火で豚ひき肉を炒める。

2 肉が白くなったら、玉ねぎを加え半透明になるまで炒める。にんにくとしょうがを入れて香りが出てきたら、干ししいたけ、きゅうりの漬物を加えて炒める。

3 **2**に**A**をすべて入れて沸騰したら弱火にし、ふたをして30分ほど煮込む。塩、白こしょうで味をととのえる。

好吃
MEMO

日本の漬物なら「きゅうりのキューちゃん」がぴったりです。好みで、煮込むときにゆで卵を加えると、おいしい煮玉子が同時に作れます。

豆豉排骨《ドウスパイグー》

豆豉の軟骨蒸し

豚肉との相性がよい豆豉は、
中華系の料理で使われる大豆の発酵調味料。
少量でコクや風味がアップするので、いろんな料理に使えます。

材料（2人分）

豚軟骨（またはスペアリブ）… 300g
にんにく（みじん切り）… 2〜3片
豆豉 … 大さじ1
A［ しょうゆ・オイスターソース・酒 … 各大さじ1
　ごま油 … 少々
　グラニュー糖 … 小さじ1
　塩・白こしょう … 少々
　片栗粉 … 大さじ1
パクチー… 適量

作り方

1 豆豉を水大さじ1（分量外）で15分ほどつけてから（写真**a**）、**A**と汁ごと混ぜる。

2 豚軟骨を湯通しして、流水でよく洗う。

3 **1**、**2**、にんにくをボウルに入れてよく混ぜ合わせ、15分つける。

4 皿に**3**を盛り、肉を平らに並べて、約25分蒸す。好みでパクチーをトッピングする。

a

好吃
MEMO

台湾では旨味の出るスペアリブや豚トロで作ることも。辛いのが好きな人は**A**の材料に好みで豆板醤を加えるとお酒によく合うピリ辛味になります。

鹹酥雞《シェンスージー》
台湾式鶏のから揚げ

バジルと白こしょうの香りが
食欲をそそるから揚げは
台湾B級グルメの代表格。
タピオカの粉を使うことで、
さっくりした食感になります。

材料（2人分）

鶏もも肉（から揚げ用）… 250g
バジルの葉 … 1房分

A
- にんにく（すりおろし）… 10g
- しょうゆ … 大さじ1
- 三温糖 … 小さじ1
- 五香粉 … 大さじ½
- シナモンパウダー … 少々
- 白こしょう … 小さじ1
- 酒 … 大さじ2

B
- 片栗粉 … 100g
- タピオカの粉 … 50g

台湾風こしょう塩（p.100）… 適宜

作り方

1 鶏もも肉をポリ袋に入れ、**A**を入れてよくもみ、30分ほどおく。

2 **1**に混ぜ合わせた**B**をつけ、余分な粉を落として5分ほどおく。

3 160〜170℃に熱した揚げ油に**2**を入れ、泡が大きくなったら温度を180℃に上げて全体に火が通りきつね色になるまで5分ほど揚げる。火を止めて余熱でバジルの葉をさっと揚げる。

4 器に盛り、台湾風こしょう塩をかける。

好吃
MEMO

いかやエリンギを揚げるのもおすすめ。タピオカの粉がないときは小麦粉で代用してもOKです。

炸甜不辣《ザーティエンブラー》

さつま揚げフライ

台湾ではさつま揚げのことをテンプラと呼びます。揚げものをまた揚げるという不思議なレシピですが、実は驚くほどおいしいのです。子どものおやつにも、ビールのつまみにも最高です。

材料（2人分）

さつま揚げ … 200g
A［片栗粉 … 50g
　 タピオカの粉 … 25g
台湾風こしょう塩（p.100）… 適宜

作り方

1 さつま揚げを2㎝幅に切る。

2 **1**に混ぜ合わせた**A**をつけ、余分な粉を落とす。

3 160〜170℃に熱した揚げ油に入れ、泡が大きくなったら温度を180℃に上げて、さつま揚げが膨らんでくるまで2〜3分揚げる。

4 器に盛り、台湾風こしょう塩をかける。

好吃
MEMO

さつま揚げは魚のすり身100％のものより、粉が入った厚みの少ないもののほうが台湾のテンプラに近いです。揚げたときによく膨らみ、食感もよいです。

炸排骨《ザーパイグー》

台湾式とんかつ

排骨とは骨付き肉のこと。
大きな排骨の揚げものが入った
「排骨弁当」は台湾の人気弁当です。
調味料の配合を覚えれば
とんかつ用の肉を使って
家庭でも簡単に再現できます。

好吃
MEMO

排骨弁当を作るなら、おすすめの付け合わせはおつまみきゅうりと高菜炒め（p.26）。煮卵も足せばボリュームアップします。

材料（2人分）

豚ロース肉（とんかつ用）… 2枚

A
- しょうゆ・水・酒 … 各大さじ2
- オイスターソース … 大さじ1
- グラニュー糖 … 小さじ1
- 白こしょう・黒こしょう … 各小さじ½
- 五香粉・シナモンパウダー… 各少々

B
- 溶き卵 … ½個分
- 片栗粉 … 30g

タピオカの粉 … 30g

作り方

1 豚ロース肉は両面のすじを切り（写真**a**）、包丁の背などで叩いて半分の厚さにのばす（写真**b**）。

2 **1**と**A**をポリ袋に入れてよくもみ、約30分おく。

3 **2**を混ぜ合わせた**B**につけてから、タピオカの粉をうすくつけて、約5分おく。

4 170〜180℃に熱した揚げ油で片面2〜3分ずつ揚げる。

a

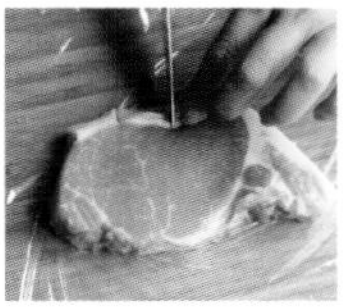

b

涼拌小黄瓜《リャンバンシャオホァングワ》

おつまみきゅうり

麺料理や餃子店で
よく食べられる前菜です。
ほどよい酸味があとを引く、
暑い夏にぴったりのメニューです。

材料（2人分）

きゅうり…2本
グラニュー糖
…30g

A
- にんにく（つぶす）…2〜3片
- 赤唐辛子（輪切り）…少々
- 塩…小さじ¼
- 酢…大さじ2

ごま油…少々

作り方

1 きゅうりは両端を切り落とし、麺棒で軽くたたいて割れ目を入れ、手で食べやすい大きさにちぎる。

2 保存容器に**1**とグラニュー糖を入れてふたをしてよく振る。**A**を加えてさらによく振る。

3 冷蔵庫に入れて30分以上おく。汁けをきって器に盛り、食べる直前にごま油をかける。

好吃
MEMO

冷蔵庫で約3日間保存可能。焼き肉などの脂っこい料理の付け合わせとしてもおすすめです。

花枝丸《ホワズーワン》

揚げいか団子

ラードとにんにくの香ばしさがたまらない、
台湾風味のふわふわいか団子。
優しい甘さと
白こしょうスパイスがよくあいます。

材料（2人分）

冷凍いか（半解凍して、ざく切り）
…300g
ラード…大さじ2
にんにく（すりおろし）…1片分
タピオカの粉…大さじ4
卵白…½個分
塩…小さじ½
グラニュー糖…大さじ1
白こしょう…小さじ¼

作り方

1 すべての材料をミキサーに入れ、滑らかになるまでかける。

2 **1**を手にとり親指と人差し指で丸を作り押し出すようにして団子状にする（写真**a**）。

3 **2**を鍋に沸かしたお湯（分量外）に入れ、浮いてきたら取り出す。

4 粗熱が取れたら、170℃の油で揚げる。台湾風こしょう塩（p.100、分量外）をふる。

a

好吃
MEMO

生いかを使う場合は足のかたい吸盤を包丁の背でしごき取ると食感がよくなります。いか団子はゆでたあとの状態なら冷凍庫で約2週間保存可能。揚げずにそのままスープに入れてもよいです。

涼拌木耳《リャンバンムアー》

きくらげのにんにくあえ

コラーゲンたっぷりのきくらげは、鉄分も多く含まれ、美容にも胃腸にもよい食材です。体の熱を下げる作用もあるので、暑い時期におすすめの一品。

材料（2人分）

- 生きくらげ…100g
- にんにく（みじん切り）…1片
- 赤唐辛子（輪切り）…少々
- 塩…小さじ1
- グラニュー糖…小さじ½
- ごま油…大さじ½

作り方

1. 生きくらげを手で一口大にちぎり、沸騰した湯で2分ゆで、氷水にとって冷ます。
2. 水けをよくきったきくらげと残りの材料をすべてよく混ぜ合わせる。

好吃 MEMO

乾燥きくらげを使う場合は、袋の表示通りに水で戻し、厚みによってゆで時間を増やしてください。

台湾家庭のキッチンに必ずあるのが沙茶醤、腐乳、黒麻油。台湾のスーパーで買えるので、旅行土産としても重宝されています。沙茶醤や腐乳はとても台湾らしい、本場の味を手軽に再現できる調味料ですが、日本人にとっては使い方がわからずに困ることも多いようです。よくある食材でできるレシピを紹介しますので、どんどん使ってみてください。また、普通のごま油と黒ごま油の使い分けが当たり前の台湾では、香りが強いものが好まれます。写真の「信成麻油廠」の黒ごま油は、三代続く老舗のものだけあって、日本人にも人気の逸品、おすすめです。

ここ1〜2年で急速に台湾マダムの間で人気が高まっているのが、桃膠。きくらげやツバメの巣などのコラーゲンと、とろとろ食感が大好きな台湾人がハマるのも頷けます。美肌効果や胃腸によいとされ、スープに入れて飲む人が増えています。

爽やかな香りの馬告はこしょうの代わりに使えると、ちょっとしたブームになりました。

台湾調味料を使って、味の変化をぜひ楽しんでくださいね！

桃膠《タオジャオ》

桃の木から分泌された樹脂、いわゆる天然植物コラーゲン。〝桃の花の涙〟とも呼ばれ、アンチエイジング効果もあると言われる無味無臭の薬膳食材です。

沙茶醤《サーチャージャン》

魚介をベースに香辛料などと煮込んだペースト。台湾人留学生は必ず持っているほど、何でも台湾の味になるという使い勝手のよいピリ辛の調味料です。

四章 台湾の調味料を上手に使い切る

おみやげとしてもらったり、
旅の思い出にと日本に持ち帰ってきた調味料。
台湾で食べた〝あの味〟の決め手を、
冷蔵庫の奥で眠らせていてはもったいない！
日本でも買えるものから現地でブームの調味料まで、
おいしく使いこなすレシピを紹介します。

馬告《マーガオ》

台湾原住民のタイヤル族が使う伝統食材で、またの名を「山胡椒」。特徴的なこしょうとレモンの香りは気分を安定させる効果があると言われています。

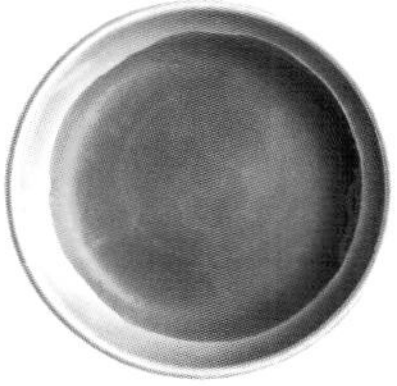

黒麻油《ヘイマアヨウ》

台湾の黒ごま油は高純度で香りが強いのが特徴。血行を促進し身体を温める効果があり、冬の料理に欠かせません。苦みが増すため高温調理には不向き。

腐乳《フウルウ》

豆腐の発酵食品である腐乳は千年以上の歴史を持つ食品。沖縄の「豆腐よう」の起源と考えられています。塩けが強いので調味料として使うのがおすすめ。

黒ごま油の滋養目玉焼き

黒ごま油の台湾風そうめん

黒ごま油の薬膳鶏スープ

麻油雞湯《マアヨウジータン》

黒ごま油の薬膳鶏スープ

水を一滴も使わずに、しょうがと酒でポカポカと身体が温まるスープです。台湾では寒い時期によく食べる、冷え性の人にもおすすめの一品。

材料（2人分）

鶏もも肉（唐揚げ用）… 250g
しょうが（薄切り）… 10枚
ごま油 … 大さじ1と½
A 酒 … 1カップ
氷砂糖 … 小さじ1
しょうゆ … 大さじ½
黒ごま油 … 大さじ1と½
塩 … 少々

作り方

1 フライパンにごま油を入れ中火で熱し、しょうがを重ならないように並べてじっくり両面を炒める（写真 **a**）。鶏もも肉を入れて焼き色がつくまでよく炒める。

2 **A** を加え沸騰したら、弱火にして10〜15分煮る。

3 塩で味をととのえる。

a

好吃
MEMO

煮るときはふたをせずにアルコールをしっかり飛ばしましょう。鶏肉は骨付きならさらに旨味が出るのでおすすめ。

麻油炒蛋《マアヨウツァオダン》

黒ごま油の滋養目玉焼き

台湾では目玉焼きを作るときは、油を多めに使って揚げ焼きにします。香り高い黒ごま油と目玉焼きの組み合わせが絶妙です。

材料（2人分）

卵 … 2個
しょうが（薄切り）… 5枚
ごま油 … 大さじ1
塩 … 少々
黒ごま油 … 大さじ1
酒 … 大さじ1

作り方

1　フライパンにごま油を入れて中火で熱し、しょうがを重ならないように並べてじっくり両面を炒める。

2　**1**に卵を割り入れ、塩をふり、卵の周りに焦げ目が出てきたら裏返して、黒ごま油、酒を加え、ふたをして2分ほど蒸し焼きにする。

麻油麵線《マアヨウミェンシェン》

黒ごま油の台湾風そうめん

しょうがの効いたスープをそうめんがたっぷり吸い込んで、元気の出る味。右の麻油炒蛋をのせた麻油麵線は、台湾では朝ごはんとしてもよく食べます。

材料（2杯分）

そうめん … 200g
しょうが（薄切り）… 5枚
ごま油 … 大さじ1

A
- 黒ごま油 … 大さじ1
- 酒 … 大さじ1
- 水 … 1と½カップ

作り方

1　フライパンにごま油を入れて中火で熱し、しょうがを重ならないように並べてじっくり両面を炒める。

2　**A**を鍋に入れ中火にかけ、沸騰したらそうめんを入れて1分ほどゆでる。

※麻油炒蛋を同時に作るときは、卵を取り出した後のフライパンにそのまま**A**を入れて作ると簡単です。

好吃
MEMO

麺が硬いときは水の量を増やします。そうめんによって塩けが変わるので、味が薄いときは好みで塩をふってください。

麻油雞肉飯《マアヨウジーロウファン》

鶏肉と黒ごま油の炊き込みご飯

台湾では蒸らして作ることの多いメニューを、炊飯器で簡単にできるようアレンジしました。黒ごま油の香りが食欲をそそります。

材料（3〜4人分）

白米…2合
鶏もも肉（唐揚げ用）…250g
しょうが（薄切り）…10枚
干ししいたけ（50mℓの水で戻し薄切り、戻し汁はとっておく）…5枚
ごま油…大さじ1
A
- 黒ごま油…大さじ1
- 酒…¼カップ
- 水…1と½カップ
- 塩…小さじ1
- オイスターソース…大さじ½

パクチー…適量

作り方

1 米は洗い、ざるにあげておく。

2 フライパンにごま油を入れ中火で熱し、しょうがを重ならないように並べてじっくり両面を炒める。鶏もも肉を入れて焼き色がついたら、干ししいたけを加え、香りが出るまでよく炒める。

3 しいたけの戻し汁と **A** を加えて沸騰させる。

4 炊飯器に米と **3** を入れてよく混ぜてからスイッチを入れる。炊けたらさらに15分ほど蒸らしてから軽く全体を混ぜ、器に盛りパクチーをちらす。

好吃
MEMO

白米の半量をもち米にしたり、好きなきのこを加えたりしてもおいしいです。パクチーが苦手な人は青ねぎにしても。

麻油炒松阪豬《マアヨウツァオソンバンヂュー》

豚トロの黒ごま油炒め

豚トロは脂身が多くておいしいので、台湾人は松阪豚と呼んで、好んで食べます。こちらは豚トロレシピの中でも特に人気の高いメニュー。

材料（2人分）

豚トロ … 200g
しょうが（薄切り）… 10枚
ごま油 … 大さじ1
クコの実 … 大さじ1
酒 … 大さじ3
A
- 酒 … 大さじ3
- 黒ごま油 … 大さじ2
- 水 … 1カップ

塩 … 少々

作り方

1 クコの実を酒につける。

2 フライパンにごま油を熱し、中火でしょうがを重ならないように並べてじっくり両面を炒める。豚トロを入れて両面に焼き色がついたら、**A**を加えひと煮立ちさせ、弱火にして約5分煮込む。

3 塩で味をととのえたら、**1**を入れて沸騰させる。

好吃
MEMO

豚トロが厚いと食べにくいので、薄くそぎ切りしてください。エリンギをスライスして一緒に炒めると食感の違いが楽しめます。

馬告醃鹹豬肉《マーガオイェンシェンヂューロウ》

馬告香る豚バラの塩漬け

台湾の原住民族がイノシシの肉を保存するために
さまざまなスパイスを使ったのがこのレシピのはじまり。
馬告の爽やかさとこしょうの
ピリッと感が程よくマッチします。

材料（1本分）

豚バラ肉（ブロック）… 300g
塩 … 小さじ1
酒 … 大さじ2
馬告 … 大さじ1

A
- 白こしょう・黒こしょう … 各小さじ1
- 五香粉・シナモンパウダー … 各小さじ¼
- 三温糖・ガーリックパウダー … 各小さじ1

B
- しょうが（千切り）… 5g
- グラニュー糖 … 大さじ1
- 酢 … 大さじ2

サラダ油 … 大さじ1

作り方

1 豚バラ肉は2cm厚さに、肉の繊維に沿って切る。塩、酒とともにポリ袋に入れて、よくもんでから15分ほどおく。

2 馬告をつぶして、**A**と混ぜ合わせてから**1**の中に入れ、冷蔵庫で一晩おく。

3 フライパンに油をひいて熱し、**2**の肉を余分なスパイスを落としてから焼く。しっかり焼き色がついたら裏返してさらに3〜5分ほど焼いて全体に焼き色をつける。

4 **3**の粗熱が取れたら、繊維に対して直角に8mm幅にスライスして器に盛る。混ぜ合わせた**B**を添える。

好吃 MEMO

冷蔵で約3日間、冷凍で約1か月間保存可能。160℃のオーブントースターで15〜20分焼く方法でもOK。葉野菜で巻いて食べてもおいしいです。

馬告雞湯《マーガオジータン》

馬告のチキンスープ

馬告を入れることで爽やかさアップ！
台湾では、骨付きか1羽を丸ごと
使ってスープにすることも。

材料（2〜3人分）

手羽先 … 6本
馬告 … 大さじ1
にんじん（乱切り）… ½本
エリンギ（乱切り）… 3本
玉ねぎ（3cmくし切り）… ½個
青ねぎ（5cm長さに切る）… 2本
しょうが（薄切り）… 5枚
酒 … 大さじ2
水 … 4カップ

作り方

1. 鍋に沸かした湯で手羽先を2〜3分ゆで、流水でよく洗う。
2. 鍋に1と残りの食材をすべて入れ、強火にかける。沸騰したら弱火にして40分煮込む。塩（分量外）で味をととのえる。

馬告蜂蜜檸檬《マーガオフォンミーリーモン》

爽やかハチミツレモンジュース

レモンの爽やかさに馬告のパンチが効いた
香りをプラスした、夏らしさ満点のドリンク。

材料（2〜3人分）

馬告 … 大さじ½
水 … 3カップ
レモン汁 … 大さじ1
ハチミツ … 大さじ1
レモン（スライス）… 2〜3枚

作り方

1. 馬告をティーバッグの中に入れて麺棒で叩いてつぶす。
2. 水を入れた鍋を火にかけ、沸騰したらティーバッグを入れて煮る。弱火にして30分たったらふたをして5分ほど蒸らす。
3. 粗熱が取れたらレモン汁とハチミツを加え、よく混ぜてから容器に移して冷蔵庫で冷やしてから、グラスに氷とレモンを入れてそそぐ。

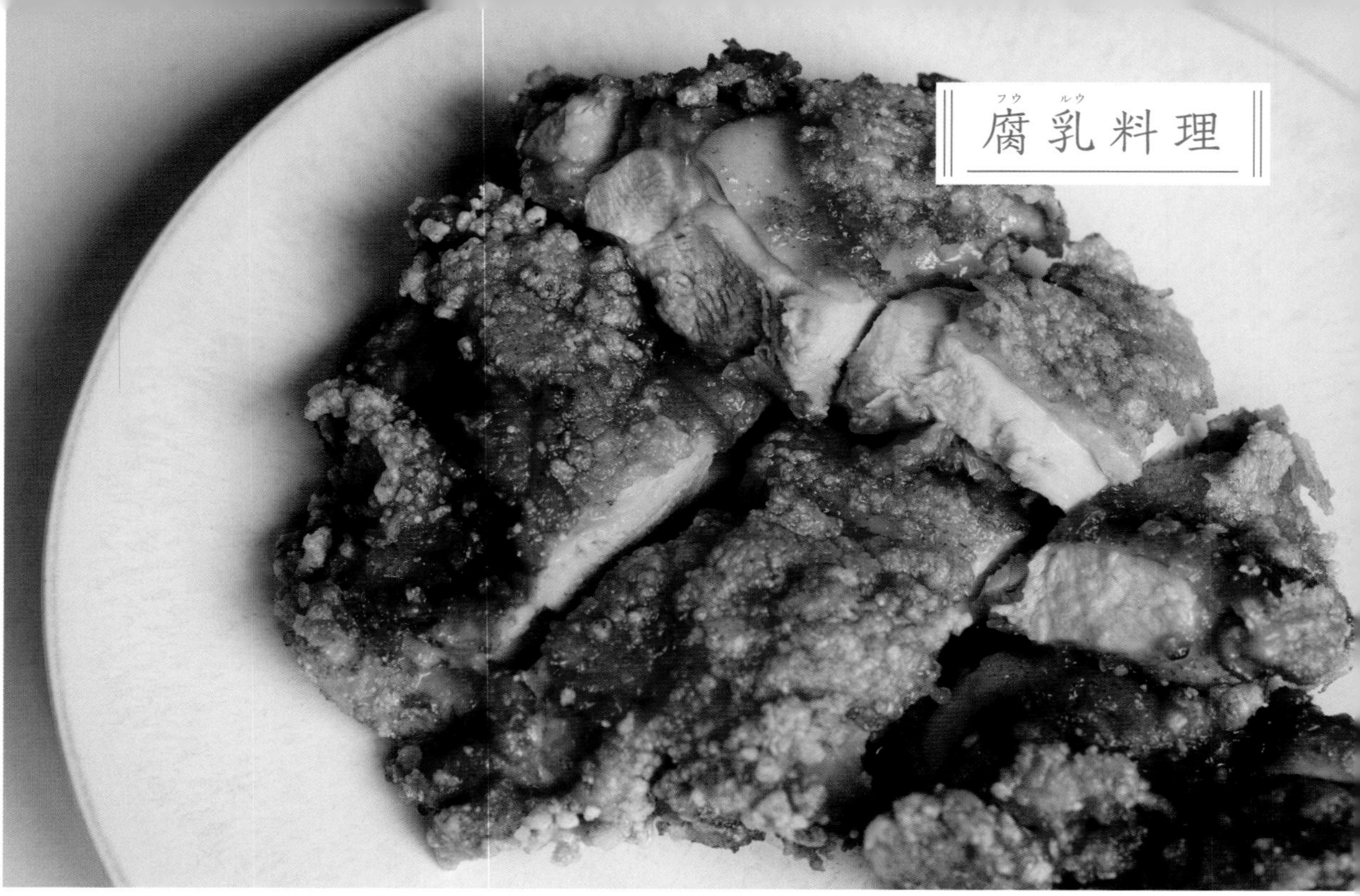

腐《フウ》乳《ルウ》料理

腐乳雞排《フウルウジーパイ》

腐乳のしっとりから揚げ

腐乳の発酵成分が鶏肉を柔らかくします。とってもジューシーなから揚げです。

材料（2人分）

鶏もも肉（皮付き）… 1枚

A
- 腐乳 … 15g
- にんにく（すりおろし）… 小さじ1
- しょうが（すりおろし）… 小さじ½
- オイスターソース … 大さじ½
- グラニュー糖 … 小さじ1
- 酒 … 大さじ2

B
- タピオカの粉 … 50g
- 薄力粉 … 100g

作り方

1 鶏肉はすじを切ってから、切り込みを入れて開き、厚みをそろえる。

2 ポリ袋に**A**を入れ、よくもんで混ぜてから**1**を入れ、20分以上つける。

3 肉を取り出して汁けをきり、混ぜ合わせた**B**をつけ、余分な粉を落として約10分おく。

4 160℃の揚げ油で両面を2分ずつ揚げて、温度を180℃に上げてさらに両面がきつね色になるまで揚げる。食べやすいサイズに切って皿に盛る。

好吃
MEMO

下味をつける時間を長くするほど、肉が柔らかくジューシーになります。冷蔵庫で一晩おいてもいいですよ。

黄金泡菜《ホァンジンパオツァイ》

腐乳キムチ

黄金の名前がついた辛くないキムチは、子どもも食べやすいので、台湾の家庭では豚肉と一緒に炒めたり、鍋の具としてもよく食べます。

材料（作りやすい量・約1ℓ分）

白菜…600g
塩…大さじ1
にんじん（薄切り）…150g
A
- にんにく…40g
- 腐乳…40g
- ごま油…40g
- グラニュー糖…30g
- 酢…70mℓ

作り方

1. 白菜を5cm幅に切って塩をふり、軽くもんで15分ほどおく。
2. にんじんと**A**をミキサーにかける。
3. **1**の白菜を軽く洗って強く絞り水けをぬく。
4. 保存びんの中に**3**を薄く敷いたら**2**を上からかぶせるようにかける。白菜とソースの層を作るように繰り返し全量を入れる。
5. 最後にソースをかけてからふたをして、冷蔵庫で一晩おく。

好吃
MEMO

保存びんは必ず熱湯消毒してから使用してください。冷蔵で約1週間保存可能。ソースは多めに作り、冷凍保存しておくと便利です。

桃《タオ》膠《ジャオ》料理

桃膠美人鍋《タオジャオメイレングォ》

桃コラーゲンの美人鍋

コラーゲンがたっぷり入ったスープのことを
台湾では美人鍋と呼びます。
鶏の旨味が凝縮された
シンプルで飽きのこない味わい。

材料（2～3人分）

鶏もも肉（骨付き）… 1本
桃膠 … 20g
A
- 青ねぎ（5cm長さに切る）… 1本
- しょうが（薄切り）… 1かけ
- ナツメ … 5個
- 酒 … 大さじ1
- 水 … 4カップ

塩・白こしょう … 各適量

作り方

1 桃膠を軽く水洗いしてから、水500mℓ（分量外）につけて一晩ふやかす。柔らかくなった桃膠をよく洗い、ごみを細かく取り除いておく。

2 鶏もも肉を湯通しして、流水でよく洗う。

3 鍋に**2**と**A**を入れ、強火にかけ沸騰したら、ふたをして弱火で30分ほど煮る。

4 **1**を入れてさらに30分煮たら、塩と白こしょうで味をととのえる。

桃膠には樹皮や木についた汚れなどが含まれています。水でふやかしてから、爪で押し出すようにして固い部分をしっかり取り除きましょう。

枸杞蘋果燉桃膠《ゴウジピングォドゥンタオジャオ》

桃コラーゲンとりんごのデザートスープ

桃膠は無味無臭で食感が似ているので、白きくらげの代わりとしてデザートにも使われます。冷やしても温かいまま食べてもおいしいデザートスープです。

材料（4人分）

桃膠…30g
りんご（一口大に切る）…1個
クコの実…大さじ1
氷砂糖…100g
水…5カップ

作り方

1 桃膠を500㎖の水につけて一晩ふやかす。柔らかくなった桃膠をよく洗い、ごみを細かく取り除いておく。

2 鍋に水を入れ、沸騰したら**1**を入れ弱火にして15分煮る。りんごと氷砂糖を入れてさらに15分煮たらクコの実を加え10分煮る。

好吃
MEMO

冷蔵で約3日間保存可能。りんごの代わりに梨を使うと、より果肉にスープがしみ込んで柔らかな食感になります。

沙《サー》茶《チャー》醬《ジャン》料理

好吃
MEMO

豚肉や羊肉を使ったり、冷蔵庫のあまり野菜など、具は何でもOK。ソースの味が濃いので麺は太いほうがあいます。

沙茶醬の牛肉焼きそば

沙茶牛肉炒麵《サーチャーニョーロウツァオミエン》

魚介ベースの調味料だけど、
牛肉との相性が抜群な沙茶醬。
焼きそばに加えると、
味に深みやコクが出て
本格的な台湾の味に！

材料（2人分）

牛しゃぶしゃぶ肉 … 100g
中華麺（蒸し）… 2玉
しょうが（千切り）… 1かけ
にんにくの芽（5cm長さに切る）… 2本
玉ねぎ（薄切り）… ¼個
にんじん（千切り）… 3センチ
にら（5cm長さに切る）… 5本

A
- 沙茶醬 … 大さじ1
- しょうゆ・ウスターソース … 各大さじ½
- 酒 … 大さじ1
- 片栗粉 … 少々

B
- 沙茶醬 … 大さじ1
- 水・しょうゆ … 各大さじ3
- オイスターソース … 大さじ1
- 白こしょう … 大さじ½

ウスターソース … 大さじ½
サラダ油 … 大さじ2

作り方

1 牛肉と**A**をポリ袋に入れ15分つける。600Wの電子レンジで中華麺を約1分温める。

2 フライパンにサラダ油半量をひいて牛肉を炒め、肉の色が変わったら取り出しておく。

3 同じフライパンにサラダ油半量を入れ、玉ねぎ、にんじん、しょうがを炒める。にんじんがしんなりしたら、にんにくの芽を加えて炒め、全体に油が回ったら**B**を加えて沸騰させる。

4 麺をほぐし入れて1分程炒めたら牛肉を戻し、全体がなじんだら、にらとウスターソースを加え、30秒ほど手早く炒める。

葱爆沙茶海鮮《ツォンバオサーチャーハイシェン》

沙茶醤海鮮炒め

店先に並んだ海鮮素材を
好みの方法で調理してくれる、
台湾の居酒屋の人気メニュー。
濃い味つけでビールがすすみます。

材料（2人分）

むきえび … 6尾
いか（輪切り）… ½杯
しょうが（短冊切り）… 1かけ
青ねぎ（3cm長さに切る）… 1本
にんにく（粗みじん切り）… 2個
アスパラ（3cm長さに切る）… 4本
A
- 沙茶醤 … 大さじ2
- しょうゆ・酒 … 各大さじ1
- グラニュー糖 … 小さじ1

サラダ油 … 大さじ1

作り方

1 フライパンにサラダ油を熱し、しょうが、青ねぎを入れて中火で炒める。香りが出てきたらにんにくを加える。

2 えびを入れ、色が変わってきたらアスパラを入れ1分ほど炒めたらいかを入れる。

3 いかの色が変わったら、混ぜ合わせた**A**を加え火加減をやや強めにして、沙茶醤の香りが立つまで手早く炒める。

日本の餃子の皮で
台湾のワンタンを作りましょう

白くツルツルとした表面の舌触りがおいしい台湾のワンタン。
日本の餃子の皮は薄く、食感がよく似ています。
日本のワンタン皮は卵入りで黄色く、香りが違うので
手作りするなら薄いタイプの餃子の皮を使うのがおすすめです。

基本のワンタン～3種のたね

鮮肉餛飩《シェンロウフントゥン》／菜肉餛飩《ツァイロウフントゥン》／鮮蝦餛飩《シェンシャーフントゥン》

肉ワンタン／野菜ワンタン／えびワンタン

3種類の味のワンタンを一度に作って楽しむレシピです。

材料（作りやすい量・34個）

餃子の皮…34枚
豚ひき肉…150g
青ねぎ（小口切り）…2本
A
- 卵白…1個分
- しょうが（すりおろし）…小さじ1/2
- 水・酒・ごま油…各大さじ1
- グラニュー糖…小さじ1/2
- 白こしょう…小さじ1/4
- 片栗粉…大さじ1/2

チンゲン菜（1cm角切り）…50g
塩…小さじ1
むきえび…6尾

作り方

1. ボウルで豚ひき肉と**A**を粘りが出るまで手でよく混ぜる。
2. 青ねぎを加え、よく混ぜ合わせて肉だねを作る。
3. **2**の1/3量の肉だねを左ページの要領で好みの形に10個分包む。
4. チンゲン菜に塩をふり、軽くもんで15分おく。えびは背から包丁で切り込みを入れて半分に切る。
5. チンゲン菜は絞って水けをしっかりきってから、**2**の1/3量の肉だねとあわせ手でよく混ぜる。左ページの要領で好みの形に12個分包む。
6. 残りの肉だねは、小さじ1とえびを一緒に左ページの要領で好みの形に12個分包む。

好吃
MEMO

ワンタンは多めに作り、冷凍しておくと忙しいときでもサッと使えて便利です。冷凍庫で約2週間保存可能。冷凍ワンタンのゆで時間は5～10分程度です。鍋の具としても重宝しますよ。

台湾式！ワンタンの包み方3種類

包み方によって食感が変わるのもワンタンの魅力です。帽子型はスープ向き。揚げワンタンにするなら扇型と巾着型のえび入りがおすすめです。日本のワンタンの皮を使ってももちろんおいしくできますよ。

帽子型

ワンタンの皮を手にのせ、肉だね小さじ1を中心にのせる。皮のふちに水をつける。

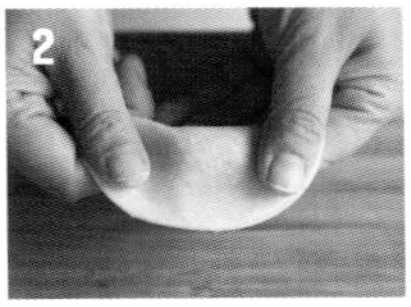

皮を半分に折り、水をつけた部分をしっかりと指で押さえ閉じる。

皮の両端を持ち、先端を寄せるように優しく引っ張る。たねの部分にひだを作るようにするとよい。

先端を8㎜程度重ね合わせ、指で押さえてギュッととめる。

扇型

ワンタンの皮を手にのせ、肉だね小さじ1を中心にのせる。皮のふちに水をつける。

皮を半分に折り、水をつけた部分をしっかりと指で押さえ閉じる。

片面のふちにもう一度水をつける。

ふちの中心1/3あたりで、皮を寄せ、3回ひだを作る。

ひだを寄せた部分をもう一度指ではさんで押さえ、しっかりとめる。

巾着型

ワンタンの皮を手にのせ、肉だね小さじ1を中心にのせる。皮のふちに水をつける。

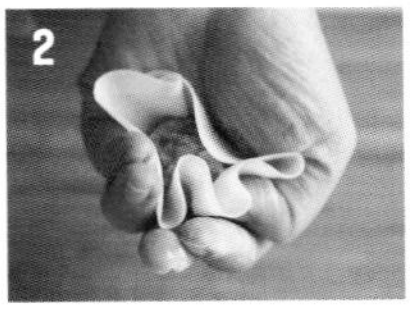

手のひらをすぼめ、たねを包むようにして、上のほうで皮を中心に寄せる。

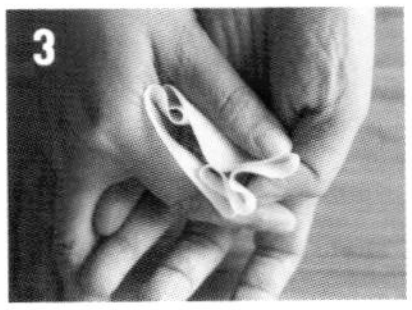

反対の手の親指と人差し指で集まった皮をはさむ。

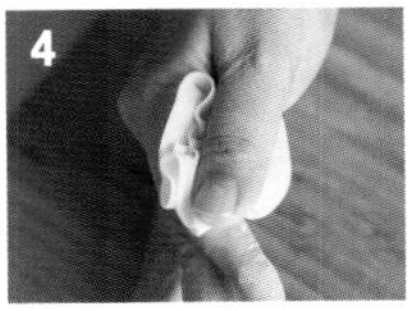

ひだを寄せた部分をもう一度指ではさんで押さえ、しっかりとめる。

紅油抄手《ホンヨウチャオショウ》

汁なしワンタン

酸味とラー油のピリ辛が食欲をそそる一品。お酒のつまみにもなります。

材料（2人分）

好みのワンタン（p.88）
　…12個

A
- しょうゆ・酢 …各大さじ1
- 三温糖 … 大さじ½
- ごま油 … 小さじ1

パクチー（刻む）… 適量
ラー油 … 適量

好吃
MEMO

砕いたピーナッツやすりごまをトッピングすると香りが増し、食感も楽しくなるのでおすすめです。

作り方

1 ボウルに**A**を入れて混ぜ合わせる。

2 鍋に湯を沸かし、中火でワンタンをゆでる。3〜5分ほどして浮いてきたら火を止める。

3 ワンタンをサッと水けをきって**1**に入れ、軽く混ぜ合わせて器にもる。パクチー、ラー油をかける。

餛飩湯《フントゥンタン》

汁ワンタン

さっぱり薄味のスープは
夜食や小腹がすいたときのおやつにもぴったり。

材料（2人分）

好みのワンタン（p.88）
…12個

A
- ザーサイ…5g
- 鶏ガラスープ…2と½カップ
- 塩…少々
- 白こしょう…少々
- しょうゆ…小さじ1

B
- きざみのり…適量
- 桜えび…適量
- パクチー（刻む）…適量
- セロリ（小口切り）…5cm

作り方

1 鍋に**A**を入れ、中火にかけ沸騰したらワンタンをゆでる。3〜5分ほどして浮いてきたら火を止める。

2 器に汁ごと盛り、上に**B**をのせる。

好吃
MEMO

台湾人はワンタン麺も好んでよく食べます。汁ワンタンにゆでたうどんや中華麺を入れて、ダブルのツルツル食感を楽しんでください。

COLUMN

3

小麦粉の違いを知って台湾の粉料理をよりおいしく

中華系の粉物料理で使う小麦粉は、主に中力粉。一方、日本では薄力粉がよく使われています。うどんで使う地粉は中力粉です。

一般的な小麦粉は、小麦粉に含まれるタンパク質（グルテン）の質と量によって次の3種類があります。タンパク質量が一番低い薄力粉はケーキ、クッキーなどの柔らかく、サクサク、ふわふわと食感を生み出します。中力粉は中間程度のタンパク質量。柔らかさと弾力を併せ持ち、うどんや餃子、蒸しパン、パスタなどにあいます。パンやピザに使う強力粉はタンパク質量が一番多いため、強い粘りや弾力が特徴です。

日本ではスーパーなどで購入しやすい小麦粉といえば薄力粉と強力粉なので、この本では薄力粉（日清フラワー）と強力粉（日清カメリア）を半量ずつあわせ、中力粉に近いタンパク質量を作って生地に使います。

台湾（中華）式の粉物の生地は、料理によって使い分けをしています。その主な3種類の作り方を紹介します。

冷《レン》水麺《スイミエン》：中力粉と常温の水を混ぜて作ります。うどんや麺類、餃子の皮など、主にゆでる料理に使われています。

湯麺《タンミエン》：沸騰した湯を粉に加えてよく混ぜることによりグルテンが弱くなり、柔らかい生地になります。湯を使うと、冷水麺の倍ぐらいの水分が生地に入るため、この生地は蒸したり焼いたりする調理法に適しています。この本では、ねぎ餅、にら焼き饅頭、大根パイでこの生地を使っています。

発麺《ファーミエン》：粉にイーストを入れる生地のことをさします。パンと同じように発酵して膨らむので発麺といいます。蒸しパンなどによく使います。この本では、焼き肉まんにこの生地を使っています。

五章

旨味ぎっしり！台湾式鍋料理

食事の時間を大切にする台湾の人たちは
みんなで集まって鍋料理を食べるのも大好き。
肉と野菜、そしてスパイスをたっぷり入れた、
食べると元気になる鍋が
数え切れないほどあります。
大きな肉団子や白菜の漬物、白玉など、
日本でも馴染みのある食材を使った
コクうま鍋をご紹介。
旨味の凝縮したスープは
最後の一滴までおいしいのです。

紅焼獅子頭《ホンサオスーツトウ》

大きな肉団子の煮込み鍋

〝紅焼〞はしょうゆ煮の意味、獅子頭は大きな肉団子が獅子の頭に見えることから、この名前が付きました。お正月の家族の集まりなどでよく食べられる鍋料理です。

材料（3〜4人分）

豚ひき肉 … 600g
パン粉 … 40g
白菜（葉はそのまま、芯は5cm幅に切る）… ¼個
青ねぎ（5cm長さに切る）… 2本
干しえび（水で戻す）… 大さじ2
A
- 卵 … 1個
- 青ねぎ（みじん切り）… 1本
- しょうが（すりおろし）… 5g
- 水 … 大さじ2
- しょうゆ・オイスターソース … 各大さじ1
- 酒 … 大さじ1と½
- グラニュー糖 … 小さじ1
- ごま油 … 大さじ1
- 塩 … 小さじ¼
- 白こしょう … 小さじ1
- 片栗粉 … 大さじ2

サラダ油 … 大さじ1
B
- しょうゆ・オイスターソース … 各大さじ1
- 酒 … 大さじ2
- グラニュー糖・白こしょう … 各小さじ½

鶏ガラスープ … 2カップ

作り方

1 豚ひき肉と **A** をボウルに入れ、粘りが出るまでよくこねたらパン粉を加えてさらによく混ぜる。冷蔵庫で約15分寝かす。

2 **1** の肉を6等分して丸め、180℃の揚げ油で焼き色がつくまで揚げる（中は生のままでよい）。

3 鍋にサラダ油を熱し、中火で青ねぎ、干しえびを香りが出るまで炒める。白菜の茎の部分だけを加え、軽く炒めてから **B** と鶏ガラスープの⅓量を入れる。沸騰したら弱火にする。

4 **3** の白菜の上に **2** の肉をのせ、上から白菜の葉をかぶせるように入れる。残りの鶏ガラスープを加え強火にし、沸騰したらふたをして弱火で30分ほど煮込む。

好吃
MEMO

白菜の葉をかぶせることで肉団子の煮崩れを防ぎます。水をきった豆腐½丁をパン粉の代わりに使うと肉団子は柔らかく低カロリーに。揚げた肉団子は冷凍で約2週間保存可能。多めに作っておいて、人数分の鍋を作ると便利。白菜をキャベツに変えてもおいしい。

酸菜白肉鍋《スゥアンツァイバイロウグォ》

白菜の漬物と豚バラの発酵鍋

季節を問わず鍋料理を好んで食べる台湾人。
中でも台湾の名物といえばこのすっぱい鍋です。
アンチエイジングの効果もあるといわれる白菜の漬物の酸味と、
はまぐりから出るだしが味の決め手です。

材料（3〜4人分）

白菜の漬物 … 250g
豚バラ薄切り肉 … 250g
はまぐり（砂抜きして洗う）… 100g
木綿豆腐（3cm角切り）… 1丁
生きくらげ（一口大にちぎる）… 3枚
まいたけ … 50g
長ねぎ（5mm斜め切り）… 1本
白菜（2cm幅に切る）… ¼個
酢 … 大さじ3
鶏ガラスープ（またはだし汁）… 4カップ
サラダ油 … 大さじ1

作り方

1 豆腐は前の晩から冷凍しておく。白菜の漬物は水けをきって1cm長さに切る。漬物の汁はとっておく。

2 鍋にサラダ油をひいて熱し、中火で長ねぎを炒め、柔らかくなったら白菜の漬物と大さじ1の酢を入れてさらに炒める。

3 豚バラ肉の⅓量を加えて炒め、肉の色が変わったら鶏ガラスープと漬物の汁を入れ、強火にして沸騰させる。大さじ2の酢を加え、塩けが足りなければ塩をふる。

4 中火にしてはまぐり、きくらげ、まいたけ、白菜、豆腐、残りの豚バラ肉を入れ、ふたをしてはまぐりが開くまで煮る。

好吃 MEMO

発酵が進んだ白菜の漬物を使うとより台湾の味に近づきます。はまぐりの代わりにえびを使ってもおいしいです。つけだれはにらと腐乳のたれ（p.101）がよくあいます。スープに加える酢の量は好みで調整してください。

客家湯圓《クウーディアタンユエン》

もちもち団子の旨味スープ鍋

台湾では、元宵節《ユエンシャオジエ》（旧暦の1月15日）は旧正月の区切りを祝う日として、団子を食べる風習があります。客家《ハッカ》地方で食べられる料理ですが、スープなら家庭でも簡単に作れます。

材料（3〜4人分）

白玉粉…100g
食紅…少々
A
- 干しえび…大さじ½
- 干ししいたけ（適量の水で戻して千切り、戻し汁はとっておく）…4枚
- フライドオニオン…大さじ1

にら（3cm長さに切る）…2本
春菊（半分に切る）…5株
鶏ガラスープ…4カップ
しょうゆ…大さじ1
塩・白こしょう…各少々
セロリ（小口切り）…大さじ1
サラダ油…大さじ1

作り方

1 ボウルに白玉粉半量と水40mℓ（分量外）を入れてよく混ぜる。

2 5円玉大の生地を1つとって平らにつぶし（写真**a**）、沸騰した湯でゆでる（写真**b**）。生地が浮いてきたら取り出して、**1**の生地に戻して（写真**c**）よくこねる。小さじ1〜2（分量外）の水を足してさらにこねて（写真**d**）生地がまとまったら（写真**e**）、太さ1.5cmの棒状に伸ばし、1cm長さに切って軽く丸める。残りの白玉粉に食紅を入れ、同様に赤い団子を作る。

3 鍋にサラダ油をひいて熱し、中火で**A**を炒める。焼き色がついたら、しいたけの戻し汁、鶏ガラスープ、しょうゆを入れ、沸騰したら団子を入れる。

4 団子が浮いてきたら春菊とにらを入れ、塩、白こしょうで味をととのえる。器に盛り、セロリをちらす。

a

b

c

d

e

好吃
MEMO

ゆでた少量の生地を粉に戻してこねるのが台湾の伝統的なもちもち白玉の作り方。生の白玉団子は冷凍すれば約2週間保存が可能です。好みで豚肉を入れたり、パクチーをトッピングするのもおすすめ。

自家製調味料

鍋のつけだれや肉料理などにあう、手作り調味料。すべて材料を混ぜ合わせるだけの簡単レシピです！

① 台湾風にんにくソース
蒜蓉醤《スゥアンロンジャン》

材料（つくりやすい量）

にんにく（すりおろし）… 1個
しょうゆ … 大さじ1
オイスターソース … 大さじ1
グラニュー糖 … 大さじ1
塩 … 少々
水 … 150mℓ
片栗粉 … 大さじ½
※鍋に材料を入れ、混ぜながら中火で沸騰させる。

にんにくの風味が効いたたれは豚肉との相性が抜群。しゃぶしゃぶやねぎクレープのつけだれとしても重宝します。

② 台湾風怪味ソース
五味醤《ウウェイジャン》

材料（つくりやすい量）

青ねぎ（みじん切り）… 1本
にんにく（みじん切り）… 2個
しょうが（みじん切り）… ½かけ
パクチー… 少々
A ケチャップ … 大さじ3
グラニュー糖 … 大さじ1
酢 … 大さじ1
ごま油 … 大さじ½

甘さと酸味がほどよくマッチしたソースは、海鮮鍋や、なす、厚揚げなどにかけて食べるとおいしいです。

③ 台湾風こしょう塩
胡椒鹽《フージャオイエン》

材料（つくりやすい量）

白こしょう … 大さじ3
黒こしょう（粉）… 大さじ1
塩 … 大さじ1
ガーリックパウダー … 小さじ½
五香粉 … 大さじ½
カレー粉・シナモンパウダー・ナツメグパウダー … 各小さじ¼

かけるとなんでも台湾の味になるミックススパイス。揚げもの以外にも焼き魚におすすめです。

4

韮菜腐乳醬《ジョウツァイフウルウジャン》

にらと腐乳のたれ

材料（つくりやすい量）

ごまペースト … 大さじ1
腐乳 … 大さじ½
にら（みじん切り）… 2本
酢・しょうゆ・ごま油・三温糖 … 各小さじ1
※好みでパクチーを入れてもよい

白菜の漬物と豚バラの発酵鍋の定番のたれ。腐乳の香りが楽しめるごまだれは、蒸し野菜やゆでた肉類にもよくあいます。

5

沙茶蛋黄醬《サーチャーダンホアンジャン》

魚介の旨味卵黄だれ

材料（1人分）

卵黄 … 1個分
沙茶醬 … 大さじ2
しょうゆ … 大さじ1
酢 … 小さじ1
青ねぎ（小口切り）… 10㎝

台湾でポピュラーな鍋のつけだれ。あまった卵白は〆のご飯や麺と同時に鍋に入れるのがおすすめ。

COLUMN

4

日本で買える台湾の食材

タピオカブームや海外旅行先として台湾に注目が集まるおかげで、台湾料理についても日本での認知度が大きく伸びたように思います。

台湾からの輸入食材も以前と比べたら、簡単に手に入るようになりました。味や質もよく、こんなものが日本で買えるようになったんだな、と驚くことも。台湾食材が買える一般的なお店と、取り扱いのある商品を皆さんにもご紹介します。

業務スーパー：全国に８００店舗以上展開する業務スーパーは、中華系の食材や冷凍食品が手に入るので、日本に住む台湾人もよく利用しています。価格が安いのも魅力です。特に私が気に入ったのは、凍ったままフライパンで焼くだけの薄焼き餅（葱抓餅）。何層にも重なった生地がパイのようにサクサクとした食感の粉料理ですが、台湾の屋台で食べる味に近いのでおすすめです。また、ピータン（皮蛋）や鴨の塩漬け卵（鹹鴨蛋）、冷凍タピオカなども売っています。

カルディ：コーヒー豆や世界各国の輸入食品を取り扱うこのお店にも、台湾の調味料やお菓子類が増えてきました。サーチャージャン（沙茶醤）、台湾の甘いしょうゆ・金蘭台湾醤油、パイナップルケーキや愛玉、仙草ゼリーなどのお菓子、そして台湾産のお茶などがラインナップしています。不定期で台湾のかわいい小物なども出るので見逃せません。

中華系食料品店：中国と台湾系の食材と調味料の種類が豊富で、ほぼ全部の調味料が手に入ります。関東なら新大久保や池袋、上野、横浜中華街など、関西は日本橋、堀江、天神橋などのエリアに多くあります。

オンラインストア：桃コラーゲン（桃膠）やマーガオ（馬告）などの珍しい食材も、大手のオンラインストアで買えます。近くに中華系食料品店がないという人はオンラインストアがおすすめです。

※紹介した店や商品は取り扱いがない場合もあります。

六章

甜品《ティエンピン》～ほっこり癒やしの台湾スイーツ

豆乳や小豆、
ピーナッツの粉をふんだんに使った、
素朴で優しい甘さが人気の台湾スイーツ。
タピオカだけでは
物足りないという台湾ラバーに、
ぜひ作って食べてほしい、
そんな甜品を集めました。
作りたてのおいしさを
手軽に再現できるので
お茶のお供や、
子どものおやつにもぴったりです。

金桔豆花《ジンジィドウホワ》

きんかんの蜜がけ豆乳プリン

豆腐のような、プリンのような不思議な食感の豆花。
台湾では食用の石膏粉《せっこうふん》を使いますが、
にがりを凝固剤として使用します。
温かいままましょうが汁を少量加えてもおいしいです。

材料（2〜3人分）

無調整豆乳 … 250mℓ
にがり … 10mℓ
きんかん … 200g
三温糖 … 大さじ4
A［黒糖 … 大さじ1
　三温糖 … 大さじ4
　水 … 150mℓ

作り方

1 縦1/4に切ったきんかんと三温糖を密閉容器に入れて常温で一晩寝かす。

2 材料**A**を鍋に入れて火にかけ、ひと煮立ちしたら、冷ます。粗熱が取れたら冷蔵庫で冷やしておく。

3 ボウルに豆乳、にがりを入れて混ぜ、表面の泡をスプーンの背などでつぶし、できるだけ取り除いておく（写真**a**）。

4 高さ3cmほどの水（分量外）を入れた鍋の中心に、**3**のボウルをおき、ふたをして20分ほど火にかける。

5 粗熱が取れたら冷蔵庫で1時間ほど冷やし、大きめのれんげなどで薄く削ぐようにしてすくって器に盛る。上から**1**と**2**をかける。

※濃い豆乳ほど豆花が固くなるので、にがりの量を減らして調整してください。

a

好吃
MEMO

豆乳は無調整か豆腐屋さんのものがおすすめ。蒸して作ると口当たりがなめらかです。きんかん蜜は冷蔵庫で約1週間保存可能。きんかん蜜を炭酸水で割って飲んでもおいしいです。

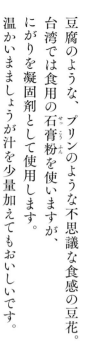

花生冰沙《ホワシェンビンサー》

ピーナッツシャーベット

ピーナッツバターを使ったシャーベットにはパクチーの爽やかな香りがよくあいます。

材料（2人分）

ピーナッツバター（加糖）… 大さじ5
牛乳 … 50mℓ
練乳 … 大さじ2
黒蜜 … 大さじ1
氷 … 200g
パクチー… 適量

作り方

1 ピーナッツバター、牛乳、練乳、黒蜜、氷をミキサーに入れ（写真**a**）、滑らかになるまでかくはんする。

2 **1**を冷やしておいた器に盛り、パクチーをトッピングする。

a

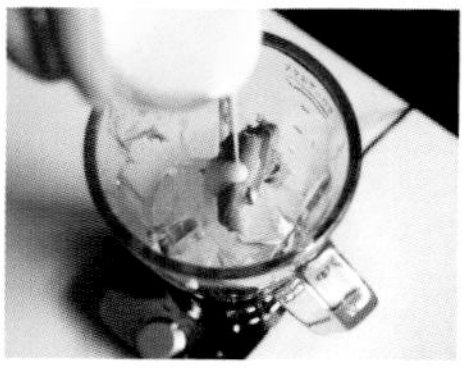

好吃
MEMO

ミキサーがかけづらいときは、氷を2〜3回に分けて入れてみて。器とスプーンを冷凍庫でキンキンに冷やしておくのがおすすめです。

花生焼麻糬《ホワシェンサオムアジー》

ピーナッツゆで餅

蜜で煮た餅はふんわり優しい甘さ。
ピーナッツの粉の食感がアクセントに。

材料（1人分）

切り餅（あれば丸形）… 2個
A ［ 水 … 400mℓ
　　黒糖 … 50g
　　三温糖 … 20g
ピーナッツの粉 … 大さじ2
グラニュー糖 … 大さじ1

作り方

1 鍋に**A**を入れて沸かし、切り餅を入れて弱火で柔らかくなるまで約5分煮る（写真**a**）。

2 ピーナッツの粉とグラニュー糖を混ぜ合わせ、皿に盛った**1**にかける。

a

好吃
MEMO

餅は蜜がよく絡む丸餅がおすすめ。実は台湾には切り餅がありません。きなこや黒ごま粉で食べてもおいしいですよ。

地瓜球《ディーグワチョウ》

さつまいも揚げボール

屋台から甘い香りがすると、ついつい買ってしまう揚げたてスイーツの地瓜球。中が空洞になっていて、サクサクなのにむっちりした食感がクセになります。

材料（2人分、15～20個）

さつまいも（皮をむいて乱切り）… 100g
三温糖 … 20g
タピオカの粉 … 40g

作り方

1 さつまいもを耐熱皿にのせラップをして600Wの電子レンジで約2分30秒かける。

2 **1**をつぶし熱いうちに三温糖を入れて混ぜる。タピオカの粉を加え、さらによく混ぜて生地にまとめる。粉っぽい場合は水を、水っぽい場合はタピオカの粉を少量足して調整する。

3 生地を太さ2cmの棒状に伸ばし、1cm長さに切ったら、軽く丸める。

4 弱火で140～150℃に熱した油に**3**を入れ、生地同士がくっつかないように軽く混ぜる。1～2分たって浮いてきたら中火で180℃に上げ、お玉の背で生地を鍋底に押しつける（写真**a**）。

5 押し付けるのを繰り返すうちに、生地が丸く膨らんで焼き色がついたら（写真**b**）取り出して余分な油をきる。

a

b

好吃
MEMO

揚げ油の中でお玉の背を使い、ぎゅーっと押しつぶす。これを繰り返すことで生地の空気が抜けて空洞ができ、膨らんでいきます。思いきって押してQQ（台湾ではもちもちの意味）食感を作りましょう。タピオカの粉がないときは片栗粉でも代用できます。

芝麻湯圓《ヅーマータンユエン》

ごま餡団子のスープ仕立て

ピーナッツと並んで
台湾人が大好きなごま。
ごま餡をたっぷり入れたお餅を
しょうがの効いた上品な味の
温かいスープとあわせていただきます。

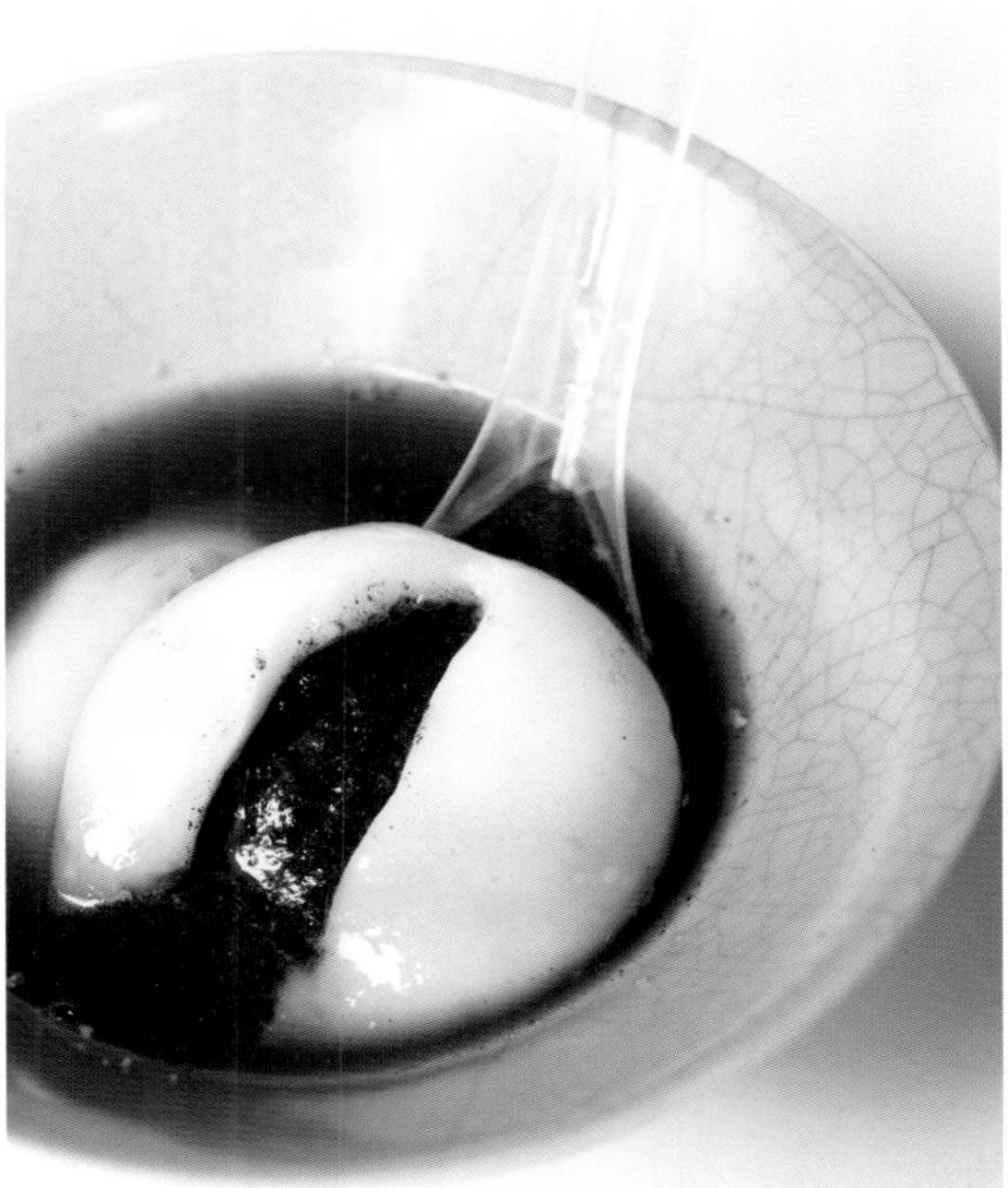

材料（8個分）

白玉粉 … 100g
水 … 90〜100mℓ
A［黒すりごま … 40g
三温糖 … 30g
バター… 40g

B［黒糖 … 20g
三温糖 … 10g
しょうが（すりおろし）… 小さじ1
水 … 1カップ

作り方

1 **A**の材料をボウルに入れてよく混ぜたら、8等分して丸め、冷凍庫で15〜20分ほど冷やして固めておく。

2 ボウルに白玉粉全量と水を8割の量入れて混ぜる。

3 p.98の**2**と写真**e**までと同様にして生地をまとめ、8等分して丸める。

4 団子の中央に指でくぼみを作り（写真**a**）、回しながら両方の親指を使ってポケットを作る（写真**b**）。**1**の凍らせた餡をポケットにのせて（写真**c**）、親指と人差し指で作った輪の中に押し込むようにして生地を伸ばしながら包む（写真**d**）。仕上げにしわが出ないようにならして軽く丸める（写真**e**）。

5 鍋に湯を沸かし、**4**を入れ浮いてきたら取り出す。別の鍋に**B**を入れ火にかけてよくとかす。器にスープと餅を入れる。

a

b

c

d
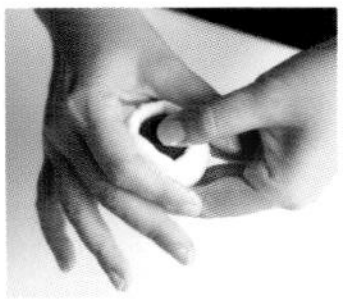

e

好吃
MEMO

餡を冷凍しておくことで、餅で包む作業が簡単に。ゆでる前の団子は冷凍保存で約2週間保存可能。凍ったままゆでます。たっぷりのごまとバターの風味がやみつきになります。すりごまをピーナッツの粉に変えて作ってもおいしいです。

おわりに

この本の企画提案から撮影に入るまでに要したのはわずか数か月の短い期間でした。毎日が忙しくて、レシピ本を作るという実感もわかないまま、ここまでの日々がまさに夢のようでした。

この本に載せたレシピは日本の方が特に好きな台湾料理ばかりです。日本のスーパーや専門店を徹底的に調べ、台湾の食材の味や食感に近い、ありとあらゆるものを調査してきました。再現したレシピは、日本に住む台湾人の友人たちにも食べてもらい、何度も繰り返し味のチェックを受けました。同じ台湾人でもそれぞれに好みが分かれ、彼らとの「どれが本当の台湾の味か」という議論はなかなか興味深いものでした。

この本は私が初めて出版するレシピ本となりますが、この実現のためにたくさんの方から力をお借りし、助けてくださる方々に恵まれました。

欠かせない存在は、最初にこの企画を提案してくれた高尾真知子さんです。台湾が大好きな高尾さんとの相性が非常によくて、私たちは一緒に台湾料理の本を出そうと話したときから、ずっと作業を楽しみ、ぶれずにこの目標にたどり着きました。ＫＡＤＯＫＡＷＡの大矢麻利子さんは、この企画を信じ、実現するチャンスをくださいました。

そして素敵な写真を撮ってくれた原ヒデトシさん、台湾の素朴な料理を個性的なお皿でアレンジしてくれた諸橋昌子さん。経験豊富な廣瀬綾子さんがまた撮影中に何度も助けてくれました。台湾料理の先生でもある友人の林《リン》 雅婷《ヤーティン》さんからはいろんなアドバイスをもらいました。ホジャ・キッチンのスタッフや、蕭《ショウ》伊《イ》欣《シン》さんと于《ユ》はるひさんが手伝ってくれた事前準備のおかげで、無事に撮影を終えることができました。日本での活動を応援してくれる友人の胡《コ》育瑄《イクセン》さん、そして、常に支えてくれている夫、ディッキーにもこの場を借りて感謝の気持ちを伝えたいと思います。

皆さまに大感謝です！　謝謝大家！

この本を通して、日本の皆さまに家庭でも台湾料理を作っていただいて、もっと台湾のことを好きになってもらえたらと願っています。

２０２０年６月　ペギー・キュウ

ペギー・キュウ（邱 珮宜）

台湾料理研究家。日本やオーストラリアでの留学経験があり、堪能な日本語での料理教室が日本人旅行者から大人気。2017年、台湾中餐丙級證照（台湾国家試験調理師資格）を取得。2019年に東京・下北沢に「ホジャ・キッチン・東京」をオープン。季節に合わせた料理教室のほか、台湾カフェとしてスイーツや朝ごはんなどの提供もしている。

ホジャ・キッチン（日本語対応）
：https://www.hoja-hoja.com/
インスタグラム：@peggy_taiwancooking

アートディレクション	細山田 光宣（細山田デザイン事務所）
デザイン	狩野 聡子（細山田デザイン事務所）
撮影	原 ヒデトシ
スタイリング	諸橋 昌子
料理制作アシスタント	廣瀬 綾子
撮影協力	AWABEES、UTUWA
編集	高尾 真知子

日本《にほん》の調味料《ちょうみりょう》と食材《しょくざい》で作《つく》る
ペギーさんのおいしい台湾《たいわん》レシピ

2020年7月9日　初版発行

著者／ペギー・キュウ

発行者／青柳 昌行

発行／株式会社KADOKAWA
〒102-8177　東京都千代田区富士見2-13-3
電話　0570-002-301（ナビダイヤル）

印刷所／凸版印刷株式会社

●お問い合わせ
https://www.kadokawa.co.jp/（「お問い合わせ」へお進みください）
※内容によっては、お答えできない場合があります。
※サポートは日本国内のみとさせていただきます。
※Japanese text only

定価はカバーに表示してあります。

ISBN978-4-04-896809-6　C0077